JN439571

# 함께할 수 있는 길

상대방과 나를 이어주는 마음의 길

**조광일 칼럼집**

펴낸날 | 2013년 9월 2일

지은이 | 조 광 일
펴낸이 | 오 하 룡

펴낸곳 | 도서출판 경남
주　소 | 창원시 마산합포구 몽고정길 2-1
연락처 | (055)245-8818~9/223-4343(f)
홈페이지 | www.gnbook.com
전자메일 | gnbook@empas.com
출판등록 | 제567-1호(1985. 5. 6.)
편집팀 | 오태민 | 심경애 | 구도희
본문사진
서정애(29, 87, 120, 146, 167, 235, 279, 303)
이병률(50, 61, 93, 133, 178, 191, 212, 244, 310)

ISBN 978-89-7675-850-7-03810



〔값 15,000원〕

경남산문선 008

# 함께할 수 있는 길

상대방과 나를 이어주는 마음의 길

조광일 칼럼집

도서출판 경남

3여 년 동안 구청장직을 수행하면서 보고 듣고 느낀 점을 기록하여 쓴 신문칼럼과 문예지 기고, 그리고 동료공직자들에게 들려주었던 덕담자료들을 정리하여 책으로 엮어보았습니다.

무릇 진정한 글은, 단 한 줄의 글에도 영혼의 피가 묻어 있어야 생명력을 갖는다고 했습니다. 이렇듯 '글을 쓰는 일은 피를 말리는 일' 이라는 말이 있을 정도로 각고면려刻苦勉勵하지 않으면 안 되는, 고통스러운 일이라는 것을 잘 알면서도 무모할 정도로 글을 썼던 것 같습니다.

제가 이토록 글쓰기에 열중할 수 있었던 것은 밝고 건강한 사회기풍을 조성해 보고 싶은 열망 때문이었습니다. 사회구성원 모두에게 자기성찰의 기회를 제공하고, 동료들에게 지혜와 깨달음을 줄 수 있는 글을 써서 읽게 하면 유연하고 창의적인 조직을 만들 수 있을 것이라 생각했습니다. 그래서 새로운 상식과 지식, 마음에 양식이 될 수 있는 내용이라면 무엇이든 닥치는 대로 읽고 느끼고 생각하고, 거기에 저 자신의 감정을 담았습니다.

독자에 대한 설득력은 문장과 구성의 매끄러움이 아닌가 합니다. 제가 쓴 이 글들이 비록 간결하지도 못하고, 문학적 소양을 쌓는데 부족한 글일지라도 독자들에게 새로운 발견과 느낌을 주고 지역공동체 발전에 도움이 될 수 있다면 더할 나위 없는 보람과 기쁨이 되겠습니다.

이 책이 나오기까지 많은 성원과 격려를 아끼지 않은 가족과 동료들, 귀한 '격려의 말' 을 보내주신 경남언론문화연구소 대표 이광석 선생님, 꼼꼼하게 교정을 봐주신 수필가 강현순 선생님, 그리고 도서출판 경남에 감사드립니다.

2013년 7월

34년 공직생활 마무리를 앞두고

조 광 일

# 공동선의 추구 · 동행

—조광일 칼럼집 《함께할 수 있는 길》에 부쳐

**이 광 석**

(시인 · 경남언론문화연구소 대표)

조광일 청장의 칼럼집 《함께할 수 있는 길》을 읽고 몇 마디 소감을 적는다. 저자는 경남문인협회 수필부문 신인 공모에 당선한(2009년) 작가이기도 하다. 이같은 작은 인연의 공유가 이 글을 쓰게 된 동기가 된 셈이다.

등단 이후 저자는 수필보다는 신문의 칼럼 쪽에 더 깊은 애정을 보였으며 그렇게 소개된 글밭들은 나름대로 주변의 독자들로부터 폭넓은 호응과 공감을 얻은 것도 사실이다.

공직에 몸을 담고 이런저런 시책들의 현장 접목, 대민관계에서 빚어진 갈등 조정, 그리고 자신이 지향하는 시대적 방향과 철학의 높낮이 등 구현하고 싶은 소망들을 짚어낸 것이 이 책자 발간의 참뜻으로 이해된다.

'칼럼' 에는 어떤 규범화된 정의는 없다. 신문의 논평 사설과는 달리 개인의 평가 기준을 잣대로 도출된 사회적 현안들을 시시비비 따져가며 자신의 주장을 객관성에 바탕한 논리적 기준에 따라 펼쳐낸 또 다른 글밭이다.

화자가 주역이 된 자신의 글이며 자신의 목소리이기에 그만큼 글에 값하는 책임 또한 곡진할 것이다. 따라서 그 글의 흐름도 다양해서 처음부터 끝까지 경직된 외곬으로 나가는 글이 있는가 하면 유연하고 해학적인 멋과 여유를 동반하는 스타일도 있다. 이 양자를 균형 있게 조율해 낸 것이 이 칼럼집의 특색이라고 정리해 본다.

먼저 저자의 글 면면에서 엿볼 수 있는 내적 성찰의 자양분이 된 다양하고 깊이 있는 독서량, 냉철한 비판정신, 확고한 국가관, 공직자로서의 품위와 책임감, 시민을 배려하는 소통과 화합의 온도가 얼마나 높은지를 확인시켜 준다.

고하 직위를 막론하고 지금 공직사회는 주어진 역할 수행에 있어 치열한 긴장으로부터 자유로울 수 없다. 그런 바쁜 일상 속에서 이처럼 무게 있고 단단한 필력으로 완성도 높은 작품을 생산해 낼 수 있다는 것은 평소 저자의 글에 대한 애착과 공익 추구의 열정을 능히 예견케 한다.

우선 저자가 말하고자 하는 세 가지의 중심 화두를 보면 첫째, 공생공존의 인간관계 다듬기다. 공직사회도 예외는 아니어서 사회 부조리를 다스리고 사람과 사람 사이에 신뢰의 가교를 두텁게 하기 위한 노력의 배가를 통해 아름다운 삶을 창출할 수 있다는 지론이다. 둘째, 세상 사는 지혜의 터득으로서 곧으면서도 유연하고 당당하고 꿋꿋하게 자신을 지키는 대나무의 교훈을 강변하면서 비움의 고행과 나눔의 실천으로 건전하고 따뜻한 사회를 꽃피우자는 것이다. 이같은 대승적 자아혁신과 절제된 글들이 이 칼럼집의 중심을 지탱하고 있다.

셋째, 지역의 문화콘텐츠 구축과 삶의 질 향상이다. 가포 청량산 등산로 정비, 시민 휴식공간 조성, 문화예술인의 길 만들기 등 스토리가 있는 문화생태 탐방로 개설 등도 지역발전의 한 축으로 꼽았다. 잠정 유보되기는 했지만 가포국립병원 주변의 결핵문학공원 조성 사업에도 각별한 관심과 힘을 쏟은 글(우리 지역의 문화유산)도 담았다.

끝으로 저자가 머리글에서 '영혼의 피가 묻어 있는 단 한 줄의 글' '자기 성찰의 기회 제공' 이라고 밝혔듯이 열심히 읽고 쓰는 가운데 '진정 함께할 수 있는 길' 이 열릴 것이라는 기대를 갖게 한다. 따라서 이 칼럼집은 저자가 자신에게 던지는 진솔한 목소리를 넘어서 이 시대 우리 모두에게 전하는 공동선의 메시지라고 믿는다. 그래서 우리가 꿈꾸는 아름다운 세상의 참모습은 어떤 것인가(동고동락하는 사회)에 담긴 다음 한 마디에 주목하고자 한다.

> 서로 다름과 차이를 존중하고 약자를 보호하면서 아량과 배려로 '동고' 하는 사회 분위기를 조성해 보자. 그리고 상대방이 잘되면 그것이 곧 내 성공의 자양분이 된다는 생각으로 '동락' 하는 공동체를 만들어 보자.
>
> 언젠가는 우리네 삶에도 푸른 희망이 싹트고 향그러운 봄꽃이 활짝 피어나기를….

이처럼 저자의 등단 배경이 된 '수필' 이라는 문장 구성의 탄력성, 서정성을 근간으로 사회질서 기본이 바로 서는 공동선의 추구, 서로 아끼고 어깨를 내줄 수 있는 열린 사회로의 안전 운행을 유도함으로써 하나 되는 공동체 사회를 꽃피우자는 것이 이 칼럼집의 바른 소리이자 따뜻한 동행이라고 적는다.

차례

책을 펴내면서 | 조광일 — 4
격려의 말 | 이광석 — 6

## 제1부
## '동고동락' 하는 사회를

'동고동락' 하는 사회를 — 17
지금은 공생의 논리가 필요한 시대 — 21
춘래불사춘 — 25
판도라의 상자 — 30
투표용지는 탄환보다 강하다 — 33
아우라합창단 — 36
공존의 가치 — 40
치킨게임chicken game — 44
담쟁이의 의지를 닮고 싶다 — 48
봉이 김선달도 배꼽 잡을 이야기 — 53
대나무의 지혜 — 57
가면 속에 가려진 인간의 허식과 위선 — 62
100년 전 타이타닉호의 교훈 — 66
말은 그 사람의 운명을 운전하는 운전대 — 70
미국인들이 링컨 대통령을 존경하는 이유 — 74
성공을 이끈 위대한 '결단' 과 '책임정신' — 78

제2부
## 가진 자의 철학


가진 자의 철학 — 85
휴식은 삶의 자양분 — 90
세금은 문명사회에 사는 대가 — 95
CCTV 찬반 논란에 대하여 — 99
사물의 이면과 본질의 통찰 — 104
생각하는 대로 되고, 말하는 대로 된다 — 109
성공의 비결은 '끝까지 하는 힘' — 113
세상에서 제일 나쁜 버릇 — 117
영혼의 교감 — 122
우리네 가슴에 '다정한 에너지'를 가득 채우자 — 126
우리 지역의 문화유산에 멋진 이야기옷을 입혀보자 — 130
주름살 펴고 살려면 — 136
통섭적인 마인드로 무장하자 — 140
함께할 수 있는 비결 — 144
침묵은 성공의 중요한 요소 — 149
부부의 관계 — 153
2012 런던올림픽을 계기로 — 157

제3부

## 단순 소박한 삶의 가치

부부 금슬의 비결 — 163

든든한 노후생활을 영위하려면 '부부농사' 가 우선 — 168

진정한 노력은 하늘도 감동시킨다 — 173

걷기와 사유 — 177

'떡' 이야기 — 182

9년을 기다려야 먹을 수 있는 빵 — 186

광풍제월光風霽月 — 190

남의 불행이 나의 행복(?) — 194

단순 소박한 삶의 가치 — 198

레밍 효과Lemming effect를 경계하자 — 202

루돌프 사슴 코는 왜 빨갈까? — 206

모자람의 미덕 — 210

버리고, 닦으면 인생이 바뀐다 — 215

비교는 불행의 씨앗 — 219

사해死海가 주는 좋은 가르침 — 223

사회적 기업의 의의 — 227

세상에 공짜는 없다 — 232

제4부

## 주는 사랑, 나누는 사랑


약속 — 239

선현의 향기 — 243

올바른 인간관계의 비결 — 248

요즘 자동차, 누굴 겁주려는 건가 — 252

익혀야 할 말, 버려야 할 말 — 256

일본, 도대체 제정신이 있는 나라인가 — 260

자기기만自己欺瞞 — 264

조직은 대화를 통해 성장한다 — 269

지성과 소신 — 273

진정한 친구를 갖고 싶다 — 277

토론식 회의가 필요한 이유 — 282

파워우먼 시대 — 286

콘클라베conclave와 한국의 지방선거 — 290

널뛰기 인생관 — 295

주는 사랑, 나누는 사랑 — 299

사회통합을 위한 가장 강력한 수단은 '탕평인사' — 304

성숙된 시민사회 구현을 — 308

'소셜 다이닝Social Dining' 운동을 전개해 보자 — 313

벌새와 같은 자세로 — 317

# 제1부 '동고동락'하는 사회를

# 제1부 '동고동락' 하는 사회를

/

'동고동락' 하는 사회를 | 지금은 공생의 논리가 필요한 시대 | 춘래불사춘 | 판도라의 상자 | 투표용지는 탄환보다 강하다 | 아우라합창단 | 공존의 가치 | 치킨게임chicken game | 담쟁이의 의지를 닮고 싶다 | 봉이 김선달도 배꼽 잡을 이야기 | 대나무의 지혜 | 가면 속에 가려진 인간의 허식과 위선 | 100년 전 타이타닉호의 교훈 | 말은 그 사람의 운명을 운전하는 운전대 | 미국인들이 링컨 대통령을 존경하는 이유 | 성공을 이끈 위대한 '결단'과 '책임정신'

# '동고동락' 하는 사회를

우리말에 '벳동서' 라는 말이 있다.

예상치 않은 돌풍과 풍랑을 만나 죽을 수도 있는, 목숨을 담보한 작업, 그런 때문에 비록 남남 간이지만 동고동락하여 생명을 함께 한다는 뜻에서 한집안에 시집 장가를 가서 동서가 되는 사이를 비유해서 만들어진 눈물겨운 말이다.

이처럼 예로부터 우리는 서로 돕고 협력하는 공동체 의식을 사회의 큰 덕목으로 여겨왔다. 그러나 이러한 전통적인 정서가 무한경쟁시대를 맞이하면서 변질되고 있는 듯하다.

과거 우리 선조들은 살기 힘든 보릿고개 시절을 '동고동락' 하며 경제성장을 이룩해 왔다. 하지만 오늘날 우리 사회는 동고同苦하는 것보다 동락同樂하는 것이 더 어려운 것이 현실이라고 많은 이들이 개탄한다. 삶이 안정된 지금 '동락' 하지 못하는 것은 '상호 신뢰와 질서의식의 상실' 이 그 주된 원인이라는 것이다.

언젠가부터 사람들은 여론에 너무 쉽게 동화되고 뭔가 한 가지 신드롬이 생기면 걷잡을 수 없는 쏠림 현상으로 나타나 사회적 통합을 저해하는 것이 다반사다. 무엇을 해도 곱게 봐주지 않고 꼼수로 몰아붙여 진정성을 왜곡하기도 한다. 걸핏하면 집단의 힘을 빌려 자신의 이익만을 고집하는 태도도 종종 보게 된다. 상생相生이나 호혜정신互惠精神은 외면받고, 이기주의가 만연한 작금의 사회분위기는 공동체 와해의 우려를 낳고 있다 해도 지나친 말이 아닐 것이다.

사회 전반에 심상찮은 신뢰 상실의 기류가 만연한 요즈음, 《갈매기에게 나는 법을 가르친 고양이》 이야기는 오늘을 살아가는 우리에게 큰 시사점을 던져주고 있다.

칠레 작가인 루이스 세뿔베다가 쓴 이 이야기는 갈매기와 고양이가 함께 사는 모습 속에서 다른 것들과의 '관계 맺기' 또는 '어우러져 살기' 에 대한 마술 같은 가교를 그려 넣은 철학 동화이다. 서로 다른 존재를 받아들이면서 서로에게 책임을 다하는 책 속의 풍경은 평화의 참모습, 그리고 약속을 지키는 아름다운 세상의 모습이 펼쳐진다.

인간이 바다에 버린 기름을 흠뻑 뒤집어쓴 갈매기 켕가는 가까스로 바다 위를 날갯짓하여 주인공인 고양이 소르바스의 집 앞에 떨어진다. 죽어가는 갈매기는 알을 낳으며 고양이에게 알을 잡아먹지 않을 것, 새끼가 태어날 때까지 알을 보호해줄 것, 그리고 어린 갈매기에게 나는 법을 가르쳐줄 것을 부탁한다.

기름을 뒤집어쓴 갈매기를 측은히 여긴 소르바스는 그 약속을 지키기 위해 친구 고양이들을 찾아가 도움을 청하고, 갈매기 알을 품기 시작한다. 알은 깨어나고 고양이들의 보살핌과 사랑을 받으며 자라난다. 첫째, 둘째 약속은 지켰지만 세 번째 약속은 소르바스 스스로가 해결할 수 없었다. 하늘을 날 수도, 날아 본 적도 없는 고양이 소르바스. 그러나 약속을 지키기 위해 갈매기에게 나는 법을 가르친다.

궁리 끝에 인간에게 도움을 청하기로 결정한 것이다. 소르바스는 신뢰할 수 있는 한 시인을 찾아 도움을 청한다. 비가 오는 어느 날 저녁, 항구의 고양이들과 시인은 갈매기의 첫 비행을 위해 산 미겔 성당의 난간으로 올라간다. 첫 비행을 앞두고 두려움에 떠는 아기 갈매기에게 고양이 엄마 소르바스가 말한다. "날개만으로 날 수 있는 건 아니란다. 오직 날려고 노력할 때만이 날 수 있는 거지." 마침내 아기 갈매기는 난간을 박차고 비가 내리는 밤하늘을 세차게 가르며 날아오른다. 그 순간 고양이 소르바스의 눈가에서 빗물인지 눈물인지 알 수 없는 물방울이 한없이 흘러내린다. 세상에서 가장 아름다운 세 가지 약속 모두가 실현되는 이 부분에 이르면 독자의 눈가에도 어느새 이슬이 맺히게 된다.

공상적 · 서정적인 이 이야기는, 참으로 우리가 꿈꾸는 아름다운 세상의 모습이 아닌가. 서로 다름과 차이를 존중하고 약자를 보호하면서 아량과 배려로 '동고' 하는 사회 기풍을 조성해 보자. 그리고 상대방이 잘되면 그것이 곧 내 성공의 자양분이 된다는 생각으로 '동락' 하는 공동체를 만들어 보자.

# 지금은 공생의 논리가 필요한 시대

요즘 따라 '메기이론' 을 원용한 기사가 부쩍 눈길을 끈다.

한 스포츠신문에서는 "소프트뱅크 호크스가 이범호(28)를 영입하자마자 '메기효과' 를 보고 있다."고 보도했다. 선수단에 조용한 자극을 통해 경쟁의식을 불어넣은 결과 기존 선수들은 잔뜩 긴장한 채 자신의 자리를 지키기 위해 벌써부터 안간힘을 쓰고 있다는 것이다.

또 어느 일간지 정치면에는 모 정치 지도자가 특정 정당의 텃밭에 내려가 "한 정당의 후보들이 지역의석을 독식한다면 누가 주민을 위해 일하겠느냐."며 '메기 역할'을 할 자당 후보를 지지해 줄 것을 호소했다는 기사가 실렸다.

'메기효과Catfish Effect'란 오래전 유럽 어부들의 지혜에 의해서 비롯되었다고 한다. 아직은 냉장기술이 없었던 때였다. 어부들이 북해 연안에서 잡은 청어를 멀리 런던까지 운송하면서 수조에 천적인 메기 한두 마리를 집어넣었더니 메기를 피해 부지런히 도망 다니느라고 목적지까지 싱싱한 상태를 유지할 수 있었다는데 착안한 이론이다.

다시 말해, 생명체의 자연 현상은 어려움과 고통과 위험이 닥쳐오면 스스로 긴장되고 경각심이 생겨나 더 활발히 움직이고 생존본능이 강화되어 더 강인해 진다는 것이다. 바로 이에 기초하여 조직이 현실에 안주하거나 정체되어 있을 때 조직에 활기를 불어넣기 위해 신진세력을 기용하는 등의 방법으로 기업경영이나 정치 · 사회 전반에 적용되어 왔다.

18세기 영국의 경제학자이자 역사학자였던 아놀드 토인비Arnold Toynbee는 '도전과 응전의 법칙'을 효과적으로 전달하기 위해 '청어 이야기'를 즐겨 사용했고, 우리나라에서도 고 이병철 삼성 회장이 이를 인용하여 "미꾸라지가 사는 논에 메기 한 마리를 풀어놓으면 미꾸라지가 살기 위해 발버둥 대느라 맛이 좋아진다."고 말하며 조직원들에게 긴장감을 높여 발전 동기를 유발하는 인사관리기법으로 널리 활용했다.

한편 한덕수 전 총리도 경제부총리 시절, 세계적인 기업 사냥꾼 칼 아이칸Carl Icahn이 국내 최우량 기업 KT&G의 공개매수를 선언했을 때 경영권 보호장치 강화를 요구한 재계에 "미꾸라지를 잘 키우려면 메기가 있어야 한다."며 치열한 경쟁이 주는 긴장과 자극이 오히려 우리의 산업구조를 더욱 발전시킬 수 있다는 논리를 폈었다. 그런데 이 주장은 과연 과학적으로 타당한 이야기일까? 많은 학자들의 대답은 '그렇지 않다'이다. 포식자와 먹이로 이뤄진 생태계의 먹이그물은 알려진 것보다 훨씬 복잡하다는 것이다.

캐나다 토론토 대학 생물학자들이 잠자리 애벌레를 포식 물고기인 블루길 곁에서 키우며 실험해 보았다. 수조에 칸막이를 쳐 천적의 냄새만 맡을 뿐 직접 잡아먹힐 걱정이 없는데도 애벌레의 사망률은 포식자가 없는 수조에서보다 4배나 높았다고 한다. 스트레스로 인한 면역 약화와 잦은 감염이 사망을 부른 것이다.

이러한 결과는 '거미와 메뚜기' 실험에서도 비슷하게 나타났다고 한다. 메뚜기 사육장 두 곳 가운데 하나에 천적인 거미를 집어넣었다. 거미의 입을 접착제로 붙여 메뚜기를 잡아먹지 못하도록 했다. 그런데 공포에 사로잡힌 메뚜기들은 스트레스 반응을 일으켜 몸속의 에너지 소비가 증가하고 영양물질인 질소의 체내 함량이 줄어들었다고 한다.

이스라엘 네게브 사막에 사는 도마뱀을 대상으로 천적인 때까치가 있을 때 먹이동물의 행동이 어떻게 달라지는지 살펴본 연구에서도, 도마뱀이 덜 움직이는 경향이 분명했다고 한다. 평소 좋아하는 먹이를 찾아다니기보다는 가까운 곳에서 구할 수 있는 먹이로 만족했다는 것이다.

이렇듯 먹고 먹히는 포식자와 피식자의 팽팽한 긴장관계가 경쟁력을 강화해준다는 주장은 과학적으로 근거가 없음을 알 수 있다.

물론, 적절한 자극과 스트레스는 삶과 조직에 활력을 줄 수 있다. 그래서 산업화가 진전되던 시절에는 국가경쟁력을 끌어올리기 위한 수단으로 '메기이론'이 크게 작용할 수 있었을 것이다. 하지만 국민소득 3만 불을 내다보는 선진국으로의 도약을 위해서는 더 이상 경쟁의 논리가 아닌 공생의 논리가 필요하다고 전문가들은 말한다.

# 춘래불사춘

유난히 춥고 길었던 겨울이 지나고 어느덧 봄이련가 했는데 꽃샘추위가 매섭다. 시절마저 하수상하니 민초들의 가슴엔 때아닌 찬바람이 쌩쌩 분다. 설상가상으로 북한이 군사적 위협의 강도를 높이고 있는 가운데 사회 지도층 인사들의 부정과 비리가 잇따라 불거지면서 파문이 확산되고 있는 작금의 우리나라 정치 사회 세상사를 보면 춘래불사춘春來不似春이란 말이 절로 나온다.

춘래불사춘. 이 말은 당나라 측천무후 때의 시인 동방규東方叫가 쓴 시 〈소군원昭君怨〉 즉, 소군의 원망이라는 시에 나오는 구절에서 유래했다. 중국의 4대 미인이라고 하면 서시와 왕소군, 초선, 양귀비를 꼽는데, 이 시는 왕소군王昭君이 흉노족 왕에게 끌려가는 가련한 처지를 빗대 읊은 시다.

전한시대 미인 왕소군을 소재로 지은 시는 이렇다.

호지무화초胡地無花草
춘래불사춘春來不似春
자연의대완自然衣帶緩
비시위요신非是爲腰身

오랑캐 땅에는 꽃과 풀도 없으니
봄이 와도 봄 같지가 않구나
저절로 옷의 띠가 느슨해지니
이는 허리를 날씬하게 하려던 것 아니라네

동방규가 이 시에서 오랑캐 땅이라고 지칭한 곳은 지금의 북몽고와 중앙아시아 일대의 국가였던 흉노의 땅을 일컫는다. 흉노는 틈만 있으면 연, 조, 진나라를 침략하던 골칫거리였다. 이 세 나라는 모두 흉노의 침략을 막기 위해 장성을 쌓고 대응했지만 굴복시키지는 못했다. 이어 등장한 한고조의 유방도 흉노와의 전쟁에서 포위당했다가 가까스로 뇌물을 주고 빠져나오기도 하였다. 이후 술과 비단, 쌀 같은 곡물은 물론이고 대대로 왕실의 공주를 흉노의 군주에게 배우자로 보내야만 했다.

그러던 어느 날, 한나라 11대 황제였던 원제는 궁녀들의 초상화를 그려놓은 화첩을 보고 가장 못생긴 궁녀를 공주로 속여서 보내기로 한다. 평소에 원제는 궁중화가 모연수에게 명하여 궁녀들의 초상화를 그려놓게 하여 필요할 때마다 화첩을 보고 마음에 드는 궁녀를 낙점하곤 했는데, 흉노의 군주에게 보낼 그 못난 궁녀도 화첩을 보고 골랐던 것이다.

드디어 궁녀가 떠나는 날, 그녀의 실물을 본 원제는 깜짝 놀라고 말았다. 그녀는 다름 아닌 절세의 가인 왕소군이었던 것이다. 기러기조차 그녀의 미모에 홀려 날갯짓을 잊은 채 땅으로 떨어졌다 하여 '낙안落雁' 이라는 별명까지 얻었을 정도이니 원제의 비통함이란 이루 말할 수 없었다.

나중에 그녀가 선택된 사유를 알고 보니, 화공 모연수가 황제의 사랑을 받기 위해 뇌물을 준 궁녀들은 실물보다 좀 예쁘게 그려 준 반면에, 한 번도 뇌물을 주지 않은 왕소군은 일부러 못나게 그린 것이었다. 이러한 사실을 확인한 원제는 분함과 억울함을 참지 못하고 그 자리에서 모연수의 목을 쳤다는 후일담까지 전해진다.

왕소군은 35세의 젊은 나이에 생을 마감하고 흉노의 땅에 묻혔는데 그녀의 무덤엔 사시사철 풀이 시들지 않고 푸르렀다 하여 '청총青塚' 이라고 칭하였다는 사실만 봐도 그녀의 삶은 흉노의 땅에서도 매우 기구하고 가련하였던 모양이다. 그러기에 시인 동방규는 왕소군의 서글픈 심정을 시로 지어 '저절로 허리띠가 느슨해질 만큼 야위어 간다' 고 표현했고 아무리 외롭고 그리워도 고향으로 돌아갈 수 없었기에 봄이 왔지만 봄이 아니라고 노래했던 것이리라.

그러고 보면, '춘래불사춘' 이란 이 말은 단순히 이른 봄철에 변덕을 부리는 추위가 만만치 않음을 이르는 표현을 넘어서 우리네 인간세사人間世事의 슬픔을 계절에 빗댄 말이 아닌가 싶다. 하지만 봄은 모든 생명을 깨우는 계절이다. 따라서 봄은 곧 희망을 의미하기도 한다. 시인 윤동주가 〈봄〉이라는 시에서 "봄이 혈관 속에 시내처럼 흘러/ 돌,돌, 시내 가차운 언덕에 개나리, 진달래, 노오란 배추꽃. 삼동三冬을 참아온 나는 풀포기처럼 피어난다…."고 읊었듯, 우리네 삶에도 푸른 희망이 싹트고 향그러운 봄꽃이 활짝 피어나기를 소망해 본다.

우리네 삶에도 푸른 희망이 싹트고
향그러운 봄꽃이
활짝 피어나기를 소망해 본다.

# 판도라의 상자

요즘 우리 사회의 온갖 병폐와 부조리가 폭로돼 파문이 그치지 않고 있다. 쉬쉬하며 닫아두었던 판도라의 상자가 열렸다며, 동지섣달 아궁이에 장작불이 타듯 별의별 추악한 보도로 정국이 후끈후끈 달아오르고 있는 형국이다. 특히나 정치 뉴스에 있어서는 더욱 그렇다. 이로 인해 우리 사회가 '폭로 신드롬'에 빠져 있는 듯하다.

그리스 신화에 '판도라의 상자' 얘기가 있다. 잘 알고 있는 바와 같이 대강의 줄거리는 이러하다. 프로메테우스Prometheus와 에피메테우스Epimetheus라는 두 형제가 있었다. 형인 프로메테우스의 이름이 '먼저 생각하는 자'라는 뜻인데 반해 에피메테우스는 '나중에 생각하는 자'라는 뜻이다. 그래서 소설이나 장편시에 있어서의 서사序詞 또는 서막序幕·서시序詩를 뜻하는 '프롤로그prologue'와 마지막 결론적인 구절 또는 연극에서의 마지막 결론적인 대사를 의미하는 '에필로그epilogue'라는 용어가 이들의 이름에서 유래되었다고 한다.

신들이 진흙으로 인간과 짐승을 빚었을 때, 에피메테우스는 이들에게 삶을 영위할 수 있는 재주를 한 가지씩 나누어 주는 일을 맡았다. 그러나 깨달음이 늦고 충동적인 탓에 계획성 없이 짐승들에게 재주를 나누어 주어 인간의 차례가 되었을 때에는 아무것도 남지 않았다. 인간이란 존재는 너무도 허약하게 만들어져서 자신을 보호할 수 있는 힘이나 특징이 아무것도 없었기에 만일 불이 없이 그대로 세상에 내보내게 된다면 금방 멸망해 버릴 것이 뻔하였다. 그리하여 프로메테우스는 몰래 하늘로 올라와 태양의 마차에서 불을 훔쳐내어 인간들에게 주고 사용하는 법을 가르치니 인간들은 다른 동물들과는 달리 불을 두려워하지 않게 되었다는 것이다.

불이 상징하는 바는 밝음, 해방 또는 계몽이다. 불의 사용으로 음식을 익혀먹고 구워먹게 됨으로써 인간의 건강이 증진되어 수명도 연장되고, 진전된 생산수단이 되어 살림살이도 편해졌다. 하지만 불의 사용으로 인해 악몽 또한 가져왔다는 것이다. 전쟁무기를 개발하여 타 부족을 정벌함으로써 노예가 창출되고, 그래서 인류 최초의 불평등이 시작되었다는 것이다.

화가 난 제우스는 프로메테우스를 벌하는 한편, 진흙으로 최초의 여성 판도라를 빚어 상자 하나와 함께 에피메테우스에게 보냈다. 프로메테우스는 제우스의 복수를 경계하여 동생에게 그가 보내는 선물을 받지 말라고 충고하였으나 판도라의 아름다움에 반한 에피메테우스는 그녀를 아내로 삼고 말았다. 그녀가 가지고 온 금단禁斷의 상자 안에는 인간의 희로애락이 담겨 있었다. 제우스의 못된 예단禮緞이 담겨 있었던 것이다.

어느 날 호기심이 생긴 판도라가 '저 상자 안에 뭐가 있을까?' 하고 궁금해 하다가 상자를 열어버리자 온갖 질병과 근심, 탐욕, 증상, 허영 등 죄악이 튀어나와 지상에 퍼져 나갔다. 놀란 그녀가 황급히 뚜껑을 닫았지만 이미 엎질러진 물. 인류의 불행이 비롯되고 만 것이다.

그런데 한 가지만 나오지 않은 게 있다. 그건 바로 '희망' 이라는 두 글자다. 그 때문에 우리는 모든 고통 중에서도 '희망이 남았다' 는 표현을 쓴다는 것이다.

절망의 사전적 정의는 '희망이 없는 모습' 이라고 한다. 제아무리 세상이 험악하고 어려워도 우리 모두 자신감을 잃지 말고, 판도라 상자를 열어젖히는데 힘과 마음을 모으자. 그러면 우리는 새로운 '기대와 희망' 을 품을 수 있지 않겠는가.

# 투표용지는 탄환보다 강하다

그토록 우리 사회를 들썩이게 하던 10 · 26 재보궐선거도 막을 내렸다. 정치권 초미의 관심사였던 이번 선거 역시 시민의 참여율은 기대에 미치지 못했다. 민주주의는 '국민에 의한 정치' 를 뜻하는 것일진대 낮은 투표율은 당선자의 대표성을 떨어뜨리고 대의민주주의 의미를 퇴색시키는 것이라 할 것이다.

원시시대 우두머리를 뽑는 방식은 집단 중에 힘이 가장 센 자를 지도자로 뽑았다. 그러다가 지금의 '선거' 라는 방식을 통해 지도자를 선출한 것은 약 2500년 전 고대 그리스에서 처음 도입되었다. 당시 그리스인들은 귀족회의에서 임기 1년의 집정관을 뽑아 통치를 맡겼는데, 데모크라시Democracy의 어원이 바로 여기에서 비롯되었다. 그리스어로 데모스d-emos는 민중을, 크라티아cratos는 지배를 뜻한다.

하지만 이때는 여성이나 노예는 참정권이 주어지지 않았고, 오로지 성인남자 시민에 의한 직접민주주의였다. 이들은 도자기 파편에다 잔인하고 억압적인 통치자가 될 위험성이 있는 인물 즉, 참주僭主의 이름을 적어 투표를 한 다음에 나라 밖으로 추방하는 '도편투표' 를 시행하기도 했는데 지금의 탄핵제도와 비슷한 제도가 아니었나 싶다.

현대적 민주주의는 1215년 영국 왕, 존의 실정失政에 견디지 못한 귀족들이 런던 시민의 지지를 얻어 왕과 대결하여 국민의 자유와 권리를 찾는데 토대가 된 마그나카르타 대헌장을 거쳐서 1789년 프랑스 인권선언에 이르러서야 인간의 자유와 평등, 저항권 등 인간으로서 누려야 할 권리를 누릴 수 있는 제도로 탄생한 것이다.

프랑스의 인권선언 핵심 가운데 하나가 바로 주권재민이다. 그러나 시민들의 무수한 희생 끝에 얻은 생명과도 같은 소중한 권리를 행사하기까지 그 과정은 결코 순탄치 않았다. 자유와 권리를 획득하고자 하는 자와 억압하려는 세력 간에 무수한 항쟁이 있었고, 선거제도가 어느 정도 정착한 후에도 권력과 재력에 따라서 투표권을 두 표 이상 행사하려는 세력이 있는가 하면, 여성에게는 20세기까지도 투표권을 인정하지 않은 나라가 많았다. 민주주의의 본고장이자 선진국이라고 일컫는 미국의 경우 1920년, 프랑스에서는 1946년에 비로소 여성에게 참정권이 주어졌으니 남녀 간의 불평등한 권력의 분배구조를 개선하는데 얼마나 많은 노력과 희생이 따랐겠는가.

우리는 절대왕권에 대항해서 시민권을 쟁취하는 과정을 경험하지 못했고, 선거도 해방과 함께 주둔한 미국에 의해 시작했다. 이 때문에 한국인은 '정치' 에는 관심이 많아도 '선거' 에는 관심이 적다는 비아냥을 듣는지도 모를 일이다. 낮은 투표율을 보면서 "투표용지는 탄환보다 강하다."는 에이브러햄 링컨의 잠언이 우리에게 충고와 책망, 그리고 지혜와 명철을 주는 듯하다.

# 아우라합창단

며칠 전, 풍요와 사색 그리고 묵상을 제공해 주는 가을을 맞아 '구민과 함께하는 야외음악회'가 성황을 이뤘다. 마산합포구청합창단 '아우라Aura'의 앙코르 공연으로 막을 올린 음악회는 창원시립마산교향악단의 격조 높은 연주와 랩, 트로트 등으로 꾸며져 큰 호응을 받았다.

이번 음악회는 '꿈과 사랑, 낭만을 테마로 구성한 무대였다. 필하모닉 오케스트라의 주옥같은 멜로디와 함께 랩을 가미한 댄스뮤직이 이어지면서 객석은 뜨겁게 달아오르기 시작했다. 마산합포구청

소속 공무원으로 구성된 아우라 합창단의 코러스도 가을밤의 정취와 분위기를 돋우는데 한몫을 톡톡히 했다. 그들의 환상적인 하모니에 흠뻑 젖어있노라니, 서너 달 전 '창원시공무원한마음합창대회' 때의 감동적인 장면이 오버랩되면서 잔잔한 내 가슴에 또다시 전율이 일기 시작했다.

그러니까 신묘년 유월 중순이었다. 정확하게는 2011년 6월 16일이다. 우리 마산합포구청 소속 공무원으로 구성된 아우라Aura 팀이 그 대회에서 '금상'을 획득한 것이다. 우리 팀은 아홉 개 팀 중 맨 나중에 출전하여 경복궁타령과 원더걸스의 노바디를 불렀다. 우리 가락의 흥겨움에다 안무와 댄스를 조화시켜 그야말로 멋진 피날레를 장식했던 것이다.

통쾌한 승전보가 발표되는 순간, 응원단과 관중들의 탄성이 일제히 터져 나왔다. 공연 내내 가슴 조이며 지켜보고 있던 우리 모두는, 실로 가슴이 터질 것 같은 희열을 맛보았다. 너도나도 부둥켜안으며 함께 고생한 서로를 격려하는 단원들의 모습은 가슴 뭉클한 감동으로 다가왔다. 남 앞에 나서기를 주저하며 계면쩍어 했던 동료들이 아니던가. 나름대로 멘토를 섭외해 지도를 받았다고는 하지만, 예산 한 푼 지원 없이 그 짧은 기간에 이뤄낸 성과이기에 더욱 벅차고 자랑스러운 순간이었다. '지성이면 감천'이라더니 우리의 열망과 노력이 하늘에 닿았음에 분명했다. 시상식이 진행되는 내내 사진기 플래시가 사방에서 터지고 공연장은 환호성과 박수 소리로 가득했다.

'세상에 우연한 기적은 없다' 고 했던가. 우리만의 짜릿하고 고고한 분위기를 연출하고자 충분한 준비와 연습에 연습을 거듭했다. 청중들이 우리 합창단의 공연을 감상하는 순간, 다른 팀에서는 느껴보지 못한 독특한 분위기를 느낄 수 있으면 좋겠다는 욕심에서였다. 그리하여 합창단의 이름도 '아우라' 라고 정했던 것이다. 영광을 차지하기까지 동료 모두의 피나는 땀과 노력, 열정에 더하여 목표를 달성하고야 말겠다는 합창단원의 '투지' 가 있었기에 가능했으리라.

팡파르를 울리던 그날은 우리 구청의 위상을 드높일 수 있는 기회를 잡은 날로서, 화합과 단합의 개가를 올린 날이라 해도 과언이 아니다.

창원시가 이 같은 이벤트를 펼치게 된 것은 화합과 소통에 그 목적이 있었다. 마산 · 창원 · 진해 세 도시가 통합된 지 1년을 맞았으나 통합 초기에 나타난 소지역주의, 반목과 불화는 여전했다. 그동안 이를 해소하기 위해 출신 지역별로 보직을 안배하고 근무지도 지역연고지로 재배치하는 등 다양한 사기 진작책을 추진했으나 쉽게 누그러지지 않았다. 그래서 생각해낸 것이 '공무원한마음합창대회' . 모든 부작용을 일시에 떨쳐버리기 위해 하모니의 최고봉인 합창대회를 택했던 것이다.

합창대회가 처음부터 직원들에게 호응을 얻은 것은 아니었다. 솔직히 나 또한 생뚱맞다고 여겼다. 그러나 아무런 대안도 없이 시간이 가면 아물겠지 하는 안일한 생각으로 대처했다가는 더 큰 난관에 봉착할 수 있겠다는 염려 때문이었는지 계획대로 합창대회가 추진되었다.

역시 음악의 힘은 위대했다. 결과는 대성공. 직원들의 마음을 하나로 모으는 획기적인 계기가 된 것이다. 합창단으로 선발된 직원은 주말까지 반납해가며 화음을 맞춰가는 과정을 통해 서로 양보하고 상대방의 입장을 이해하는 분위기가 싹트기 시작했다. 그리고 선의의 경쟁을 통해 조직발전의 전기가 마련되었고, 그들이 갈고닦은 기량과 감동적인 공연은 보는 이로 하여금 마음의 벽을 허물게 했다.

오늘날 우리 사회의 시대정신은 화합과 통합이라고 생각한다. 낮은 음과 높은 음이 잘 조화를 이룰 때 아름다운 하모니를 이루듯, 우리 사회도 함께 나누고 서로 아껴줄 때 더욱 밝고 건강해지리라 믿는다.

부디 이번 음악회를 계기로 서로 돕고 화합하는 따뜻한 지역사회가 되기를 바라 마지않는다. 그리고 그때 그 영광의 순간을 위해 쏟았던 정성과 열정으로 주민을 섬기고 서로 돕고 배려한다면 구민들은 우리 합포구정區政에서 진정한 '아우라'를 느끼지 않을까 생각해 본다.

# 공존의 가치

이솝우화 중에 〈위장과 다리〉라는 이야기가 있다. 서로에게 영향을 끼치는 '보완재'에 관해 깨달음을 주는 풍자다.

사이가 좋던 위장과 다리의 관계가 갑자기 틀어졌다. 음식을 찾아 나선 다리는 "내 도움이 없으면 너(위장)는 움직이지도, 음식을 먹을 기회도 없어. 넌 내게 고마워해야 해"라고 불평했다. 그러자 위장도 지지 않았다. "내가 너(다리)에게 영양분을 공급하지 않는다면 넌 걸어 다닐 수 없을 거야."

이 이야기는 서로 돕고 위하고 협조를 해야 공생共生할 수 있다는 교훈이다. 뿐만 아니라, 우리 인간은 공동체를 구성하여 살아야 하는 사회적 동물이기에 공존의 지수를 높여야 한다는 의미로도 읽힌다.

'공존지수Network Quotient' 란, 다른 사람과 더불어 살아가는 능력을 재는 지수이다. 따라서 '네가 잘 살아야 나도 산다' 는 '공존의 법칙' 이 NQ의 기본 개념이다. 다른 사람을 먼저 생각하고 양보하며 함께 나눌 줄 아는 마음, 그리고 이웃의 소중함을 아는 마음이 곧 NQ라는 것이다. 그리고 'NQ가 높은 사람' 은 다른 사람에게 자신의 가치를 인정받을 뿐 아니라, 주위 사람에게 정성을 다하고, 남을 배려하며, 더 나아가 자신이 속한 사회에 기여함으로써 자신이 행복해지는 사람이라고 한다.

우리는 얼마 전까지 머리만 좋으면 성공할 수 있다고 믿고 IQ(지능지수)를 높이는 데 온 힘을 기울여 왔다. 하지만 이제는 IQ(지능지수)사회와 EQ(감성지수)사회를 넘어 NQ(공존지수)사회로 진입하고 있다. 개인의 능력보다 공동의 능력이 요구되는 미래사회는 더불어 살아가는 공존능력이 더욱 중요시되고 있는 것이다.

그런데, 언제부터인가 우리 사회는 불만과 불신으로 얼룩진 적대감뿐이다. 국정원의 대선 개입과 경찰의 축소 수사 의혹에 2007년

남북 정상회담 대화록 공개를 놓고 위법 적법 여부로 몇날 며칠 난타전을 벌이더니 정치는 결국 혼돈의 늪으로 빠져들었고, 우리 사회도 지역, 이념, 세대, 계층, 정파에 따라 서로 으르렁거리며 헐뜯는 형국이니 참으로 민망하고 부끄럽기 그지없다.

어느 한쪽이 양보하지 않으면 모두 공멸하고 마는, '치킨게임' 을 방불케 하는 공방을 보면서 상대방과 협력하고 신뢰해야 더 좋은 결과를 얻을 수 있는 '사슴사냥 게임stag hunt game' 으로 사회적 갈등관계의 틀을 바꿀 수는 정녕 없는 것인지… 한숨이 터져 나온다.

이 게임이론은 상대와의 대립보다는 상호협력을 통해 서로의 이익을 최대화할 수 있다는 점을 강조하고 있다. 가령 두 명의 사냥꾼이 힘을 합해 사슴을 잡기 위해서 약속을 한다. 사냥꾼들이 각자 맡은 길목을 지키고 있는데, 그 옆으로 토끼 한 마리가 지나간다. 이때 토끼를 사냥하여야 할까? 아니면 사슴을 잡기 위해 기다려야 할까? 이것을 선택하게 하는 것은 '신뢰' 이다. 신뢰란 불확실한 상황에서도 상대방이 공동체의 보편적 규범을 따라 협력할 것이라는 믿음을 갖는 것으로 볼 수 있다. 따라서 상대방이 약속대로 협력하면 나도 협력해 덩치 큰 사슴을 사냥하고 상대방이 배신해 혼자서 작은 토끼라도 사냥하겠다면 나도 배신해 토끼 사냥을 선택한다는 것이다. 그러면 어떻게 하면 상대방이 협력을 선택하게 만들 수 있을까? 당신이 협력을 택할 경우 나도 협력을 택할 것이라는 신호를 주면 되는데, 결론적으로 사람을 '신뢰' 하고 '협력' 하는 길, 그것이 바로 모두에게 더 큰 이익을 주는 '사슴사냥게임' 즉, 공생과 공영의 길이라고 설명한다.

이 세상은 그 누구도 혼자서는 살아갈 수 없다. 그래서 우리 인간은 서로 의존하며 더불어 함께 살기 위해 '사회'를 만들어 낸 것이다. 사회가 존재하는 이유는 '공존'하기 위해서다. 그리고 민주주의는 '행복한 공존'을 지향한다. 따라서 공동체 역시 행복을 염원한다. '행복한 공존만큼' 중요한 사회적인 가치는 없기 때문이다.

# 치킨게임chicken game

요즘 세태를 보노라면 마치 '치킨게임' 이 재연되는 형국이다. 유럽에 진출한 기업들은 글로벌 경기침체에 대한 우려가 시시각각 고조되면서 그리스의 유로존 탈퇴에 대비해 앞다퉈 유로권에서 현금을 빼내는 등 말라가는 자금 확보를 위해 혈안이 돼 있다는 소식이다. 설상가상으로 북한은 세 차례 핵실험에 이어 최근 스위스 제네바에서 열린 유엔 군축회의에서 '한국을 최종 파괴하겠다' 며 협박하고, 이에 우리 군은 도발 원점과 지원세력을 응징할 것이라고 단단히 벼르고 있다. 나라 안 사정도 불안하기는 마찬가지이다. 정치권을 보아도 그렇고, 하다못해 소규모 집단에서조차 자기 이익을 위하여 또는 명분이 서지 않는 일로 볼썽사납게 다투는 일이 잦다. 국회는 여 · 야가 정부조직법 갈등에 발목을 잡힌 채 새 정부의 출범을 가로막고 있고, 고질 민원인들은 사회일반의 규범과 사회정의에 배치되는 문제라 할지라도 일차적으로 나의 요구가 관철되어야 한다고 억지를 부린다. 그야말로 공멸을 자초하는 극단적인 상황이 다반사로 벌어지고 있는 것이다.

'치킨게임' 이란, 서로 양보하지 않을 경우 양쪽이 모두 파국으로 치닫게 되는 극단적인 게임을 말한다. 이 게임은 1950년대 미국 젊은이들 사이에서 누가 용감한가를 겨루는 자동차 게임에서 유래했는데, 차를 몰고 서로 마주보며 정면으로 돌진하다가 충돌 직전에 핸들을 먼저 꺾는 사람이 지는 놀이이다. 어느 한쪽도 핸들을 꺾지 않을 경우 게임에서는 둘 다 승자가 되지만, 결국 충돌함으로써 양쪽 모두 자멸하게 되는 극한 게임이다.

이 게임은 내가 갖거나 네가 갖거나, '도 아니면 모' 라는 제로섬 zero-sum 게임보다 더 살벌해서 '갈 때까지 가보자' 는 이판사판식이다. 요즘도 젊은 층에서는 게임에 이긴 자가 상대방의 차를 뺏는 등 도박으로 즐기곤 한다는데 핸들을 먼저 꺾어 패배하면 겁쟁이, 즉 치킨으로 몰려 명예롭지 못한 사람으로 취급한다는 것이다. 젊은이의 우상이었던 제임스 딘과 나탈리 우드 주연의 〈이유 없는 반항〉과 TV연속극 〈7급 공무원〉에서의 자동차 게임 장면이 바로 치킨게임의 전형적 모습이다.

명예를 선택하면 승자로 남지만 목숨을 버려야 하고, 목숨을 부지하기 위해 핸들을 꺾으면 겁쟁이가 될 수밖에 없는 이 엽기적인 놀이 명칭에 '치킨chicken' 이라는 접두사가 붙은 것은, 병아리가 놀라서 어미닭에게로 달려가 품속에 숨어 버리듯 치킨이 의미하는 속어 중에 겁쟁이coward, 어린애라는 뜻이 포함돼 있기 때문이라고 한다.

미국에서는 이 용어가 1950~1970년대 미국과 소련 사이의 극심한 군비경쟁을 꼬집는 용어로 차용되면서 국제정치학 용어로 굳어졌고, 오늘날에는 정치학뿐 아니라 여러 극단적인 경쟁으로 치닫는 상황을 가리킬 때도 인용이 되곤 한다. 치킨게임을 동양적 전술용어로는 말하자면 '벼랑 끝 전술' 내지는 '배수진' 과 같은 의미이다.

초한지 시대 한나라의 명장 한신韓信이 초나라의 용장 항우項羽의 군사를 맞아 배수진을 쳐 전세를 뒤집은 것이 중국 역사상 최고의 명승부로 꼽히고 있다. 그러나 배수진이 성공을 거둔 것은 극히 일부의 예외적인 사례이고 섣불리 배수진을 쳤다가 지리멸렬했던 사례가 전사에는 부지기수다. 임진왜란 때 조선의 삼도도순변사(충청도 경상도 전라도) 신립 장군이 자신의 기마술을 과신하여 자연요새인 문경새재를 버리고 충주 한강의 탄금대에서 배수진을 쳤다가 왜장 고니시 유키나가(小西行長)에게 대패함으로써 왜군의 서울 진격에 무방비상태가 돼버렸던 설화를 우리는 잘 알고 있다.

변혁의 세계사를 보면 다중의 열망은 언제나 존재했고, 모든 혁명의 근거는 '정당성' 이었다. 미국의 독립혁명도, 프랑스혁명도, 영국의 권리장전과 명예혁명도, 동학혁명도, 3 · 15의거와 4 · 19혁명도 다중의 열망을 담아낸 그 시대의 정신이었다. 정치쇄신을 외치면서 구태정치가 판을 치고, 소통을 얘기하면서 불통으로 일관하고, 진정성을 얘기하면서 꼼수로 갈등을 증폭시키지 말고 사회와 민족공동체 복원을 위해서 대화와 타협의 정신을 발휘해야 하지 않을까? 막가파 벼랑 끝 전술로 밀어붙이고, 만유의 이치를 거스르는 건 결국 파괴와 공멸뿐이다.

# 담쟁이의 의지를 닮고 싶다

'밤밭고개' 로 넘어가는 방음벽이 생명감으로 충만하다. 그 삭막한 회색빛 벽을 담쟁이덩굴이 타고 오르니 벽체는 초록빛 캔버스가 되어 싱그러운 생명이 넘실거리고 있는 것이다.

담쟁이덩굴은 홀로 서지 못한다. 줄기가 너무 가늘어서 홀로 설 힘이 없다. 하지만 붙잡을 곳 하나 없는 거칠고 메마른 벽에 온몸을 기대고 착 붙어서 여럿이 함께 손을 잡고 더불어 올라간다. 물 한 방울 없고 씨앗 한 톨 살아남을 수 없는 철벽을 맹렬히 타고 오르는 모습은 신기하다 못해 경이롭기까지 하다.

도종환 시인은 담쟁이의 바로 이런 모습을 보고 현실의 고난을 이겨내는 극복의지를 담담하게 표현하고 있다. "저것은 넘을 수 없는 벽이라고 고개를 떨구고 있을 때 담쟁이 잎 하나는 담쟁이 잎 수천 개를 이끌고 결국 그 벽을 넘는다"는 그의 시가 우리에게 깊은 공명을 주는 이유는, 살면서 부딪히게 되는 절망의 벽을 넘어서려는 그 의지와 끈질긴 생명력을 닮고 싶기 때문이리라.

덩굴손에는 흡착근이 있어서 한번 담벼락에 붙으면 쉽게 떨어지지 않는다. 푸른 잎으로 '절망' 을 다 덮을 때까지 바로 그 '절망' 을 잡고 놓지 않는다. 담을 무서워하기는커녕 담담하게 오르며 담벼락의 허물조차도 품에 감싸 안아버린다. 오히려 담이 높을수록 담쟁이의 존재감이 더 뚜렷해진다.

미래의 희망을 위해 여럿이 손잡고 앞으로 나아가는 담쟁이의 투지, 그리고 남의 허물과 단점조차 포근히 감싸주며 포용하는 모습을 보면서 하나의 자연에서 우리가 참 많은 것을 배운다는 생각을 한다. 특히, 담쟁이의 이러한 근성은 너무 쉽게 단념하고 포기해 버리는 요즘 젊은이들에게 인생의 의미와 바람직한 삶의 태도를 일깨워주는 듯하다.

우리에게도 삶이란 덩굴이 있다. 세상이라는 담벼락이 있다. 누구

담쟁이덩굴은 홀로 서지 못한다.
하지만 붙잡을 곳 하나 없는 거칠고 메마른 벽에 온몸을 기대고 붙어서
여럿이 함께 손을 잡고 더불어 올라간다.

에게나, 인생을 살면서 꿈과 목표를 추구하다보면 눈앞에 반드시 벽이 나타난다. 때로는 그 벽이 너무 높아서 넘어설 엄두도 못 내고 주저앉기도 한다.

도전하는 사람이 성공한다는 말이 있다. 성공한 사람들 중에는 끈질기지 않은 사람이 없다. 칠전팔기의 정신으로 될 때까지 호락호락하지 않은 세상에 도전하는 정신을 지니고 있다. 그리고 리스크를 감수할 줄 아는 배짱을 지녔다는 얘기는 잘 알려진 사실이다.

그들의 삶과 지혜를 들어보면, 살아가면서 부딪치는 많은 어려움이 차가운 운명처럼 느껴질 때마다, 그 운명의 벽에 도전하고 역경을 이겨냈다고 한다. 그야말로 인생을 끓는 점까지 치열하게 살았다는 것이다. 그러면서, 희망을 갖는 사람에게만 그 두꺼운 벽은 열리게 된다고 말한다.

〈성공한 사람들의 10가지 공통법칙〉에서도 "어떤 어려운 상황 속에서도 가능성은 항상 존재하므로 인생을 긍정의 마음으로 바라보라. 작은 목표부터 하나씩 단계적으로 시각화해 나가라. 중요하지 않은 일에 시간을 낭비하지 마라. 시련을 달게 받아들여라. 상대방의 좋은 점을 발견하여 칭찬을 아끼지 마라. 그리고 현재의 문제를 극복하기 위해서는 벽을 인정한 뒤 멈추지 말고 담쟁이처럼 느리게라도 한 발 한 발 앞으로 나아가라."고 주문한다.

담이 높을수록 벽에 몸을 맡긴 채로 끈질긴 생명력과 낙천적 신념으로 삶을 충실하게 엮어가는 담쟁이의 의지를 닮고 싶다. 모든 것을 감싸 안는 담쟁이, 그런 담쟁이의 가슴 따뜻한 사랑을 지니고 싶다.

지금 이 순간에도 메마른 벽돌 같은 현실에 끈질기게 달라붙어 뜻한 바를 이루고자 투지를 불태우고 있는 역군들이 우리 사회 곳곳에 많은 땀을 흘리고 있다. 또 우리 주변엔 고통스러운 삶을 살았던 사람들이 실패를 극복하고 새로운 삶을 시작한 사람들도 많다. 가늘고 허약한 줄기로 담장을 오르듯 창의와 끈질긴 노력으로 희망을 일궈가는 멋진 젊은이가 많으면 얼마나 좋을까 하는 생각을 해본다.

# 봉이 김선달도 배꼽 잡을 이야기

재앙이 내린 듯 중국이 회색 스모그에 시달리고 있다. 베이징을 비롯 상하이, 난징 등 주요 도시의 공기오염은 이미 심각한 수준에 달해 마스크가 없으면 숨쉬기조차 힘들 정도라고 한다. 흥미로운 건 이러한 상황을 비집고 중국판 '봉이 김선달' 이 등장했다는 소식이다. 중국의 괴짜 억만장자 사업가로 유명한 천광뱌오[陳光標](중국 장쑤황푸 재생자원이용 유한공사 회장)가 공기가 든 캔을 개발해 시판하기 시작했다는 것이다. 공기 한 캔의 가격은

4~5위안, 우리 돈 800~900원 정도인데 청정한 티베트, 탈공업화된 대만, 혁명의 옌안 공기로 만든 이 캔은 입맛에 따라 취향에 따라 고를 수 있다고 한다.

'봉이 김선달'은 조선 후기 부패했던 세상을 풍자하기 위한 목적으로 허구로 만들어낸 구전 설화 속의 인물이다. 본명은 김인홍이며, '선달'은 과거에 급제하고도 벼슬을 달지 않은 선비를 일컫는 칭호인데, 김인홍은 평양 출신의 재사로서 장원급제를 하고도 벼슬을 얻지 못했다. 서북인 차별정책과 낮은 문벌 때문이었다. 품었던 뜻을 펼치지 못하게 되자 울분하며 세상을 휘젓고 다니면서 번뜩이는 기지로 권세 있는 양반, 부유한 상인, 위선적인 종교인들을 골탕 먹이는 여러 일화를 남겼다.

김선달이 '봉이'라는 별호를 얻게 된 데에는 다음과 같은 내력이 있다. 김선달이 하루는 장구경을 하러 갔다가 닭을 파는 가게 옆을 지나가게 되었다. 마침 닭장 안에는 유달리 크고 모양이 좋은 닭 한 마리가 있어서 주인을 불러 그 닭이 '봉'이 아니냐고 물었다. 김선달이 짐짓 모자라는 체하고 계속 묻자 처음에는 아니라고 부정하던 닭장수가 봉이 맞다고 대답한다. 김선달은 여섯 냥을 주고 닭을 산 다음 사또에게 달려가서 봉이라고 바친다.

그런데 문제는 봉황은 실제 새가 아니라 상상 속의 새라는 점이다. 새 중의 왕이라고 불리는 봉황은 수컷의 이름과 암컷의 이름이 합쳐진 것인데, 수컷은 '봉'이고 암컷은 '황'이다. 봉황의 모습에 대해서는 문헌에 따라 조금씩 다르게 묘사되어 있으나 모두 상서롭고 아름다운 새로 나타내고 있다. '설문해자設文解字'에는 가슴은 기러기, 후반부는 수사슴, 목은 뱀, 꼬리는 물고기, 이마는 새, 깃은 원앙새, 무늬는 용, 등은 거북, 얼굴은 제비, 부리는 수탉과 같이 생겼다고 기록되어 있다. 전해오는 바에 따르면 키는 2.7m 정도였다고 한다. 봉황의 문양은 조선의 개국과 함께 성군의 덕치를 상징하는 의미로 이용되고 있다.

이러한 사실을 모를 리 없는 사또는 '나를 놀리냐'며 김선달의 볼기를 쳤다. 그러자 김선달은 억울하다는 시늉을 하면서 닭장수에게 속아서 샀다고 하고 마침내 닭장수가 끌려온다. 닭장수로서는 달리 둘러댈 변명이 없었다. 결국 김선달은 닭장수에게 닭값은 물론, 볼기를 맞은 배상까지 쳐서 1백 냥을 받아낸다. 이때부터 사람들은 그를 '봉이 김선달'이라고 불렀다는 것이다.

이렇듯 '봉이 김선달' 하면, 대동강물을 한양 상인에게 4천 냥을 받고 판 사건으로 희대의 사기꾼으로 잘 알려진 인물이다. 그런데 "물 부족한 한국, 물발자국(상품 생산에서 폐기까지의 물 사용량)을 추적해 정책에 반영해야 한다."는 주장이 나와 참으로 격세지감이 아닐 수 없다. 다행히 수자원공사에서는 향후 10년 후의 세계 물시장 규모가 1000조 원까지 확대될 것으로 보고 물관리 기술 수출을 본격 추진할 예정인 가운데, 2013년 2월 1일 태국 '방콕 K-water 동남아사업단'을 확대 · 개소했다. 그리고 라오스 · 미얀마 등 동남

아시아 지역 신규 사업 추진을 위한 교두보를 구축했다고 한다.

현재 지구상의 담수는 3,500만㎦로 전체 수분 양의 2.6%에 불과하며, 담수 중에서도 이용 가능한 지하수와 표층수의 양은 약 30.5% 수준에 머물고 있다고 한다. 또한 인구 증가와 산업화 등으로 물 수요가 급증하고 있는 점도 물 부족현상을 심화시키고 있는데 2025년에는 약 27억 명이 담수 부족에 직면하게 되며, 전 세계 국가의 20% 가량이 심각한 물 부족 사태를 겪을 것으로 전망하고 있다. 그래서 물산업은 21세기를 선도할 Blue Gold산업으로 부상하고 있다는 것이다. 이 이야기를 듣고 보니, 봉이 김선달 이야기는 이제 더 이상 그냥 웃어넘길 우스개가 아니다. 더군다나 공기 장수까지 등장했다고 하니 말이다.

# 대나무의 지혜

"내 삶을 이루는 소박한 행복 세 가지는 스승이자 벗인 책 몇 권, 나의 일손을 기다리는 채소밭, 그리고 오두막 옆 개울물을 길어다 마시는 차 한 잔"이라고 한 법정은 "늘 모자랄까봐 미리 준비해 쌓아두는 마음이 곧 결핍"이라며 "우리에게는 그립고 아쉬운 삶의 여백이 필요하다"고 가르친다.

마음을 비우고 한 치의 흐트러짐조차 보이지 않은 스님의 무소유 정신은 대나무의 생애와 너무도 닮았다. 스님의 생활철학이 그러하듯이 속을 비우고 알차게 매듭을 지으면서 자라는 대나무는 무엇이

든 가득 채우려고만 애쓰는 우리들에게 많은 교훈을 주고 있다.

대나무의 마디마디가 비어 있는 것은 자신을 비울 줄 아는 겸손, 그리고 항상 겸허한 자세를 견지하라는 의미라고 한다. 따라서 속을 비우고 알차게 매듭을 지으면서 자기를 뒤돌아보며 살아가는 대나무의 삶을 본받아야 한다는 것이다. 바꾸어 말하면, 마음을 비우고 하루하루 매듭을 짓고 자신의 삶을 뒤돌아보고 자각하면서 알차게 살아야 한다고 일러주고 있는 것이다. 그뿐 아니다. 대나무는 단번에 천금을 움켜쥐듯 한방에 모든 것을 쉽게 얻으려는 이들에게도 명지明智를 준다.

대나무는 위로 자라기 전에 먼저 아래로 자란다고 한다. 어둡고 답답한 땅속에서 4여 년 동안, 후일 장대한 모습을 꿈꾸면서 묵묵히 미래를 준비하며 인고의 세월을 보낸다고 한다. 그 힘들고 어려운 고난의 시간은 뿌리를 튼튼하게 내리기 위한 준비기간이라는 것이다.

그렇게 뿌리부터 튼실하게 내린 다음, 땅속줄기에서 움이 돋아나면 건강한 뿌리에서 흡수한 영양분을 넉넉하게 공급함으로써 순식간에 웃자란다고 한다. 그래서 대나무의 지혜는 '참고 견디는 인내의 지혜' 라고 하는 것 같다. 아무렴 대나무는 오늘을 숨 가쁘게 살아가는 우리들에게 시사하는 바가 사뭇 크다 할 것이다.

대나무가 오랜 세월에 걸쳐 뿌리를 뻗은 다음 땅 위로 싹을 드러내듯, 위로 성장하기에 앞서 먼저 아래로 자신의 내면을 확고히 다지고 실력을 쌓은 연후에 세상으로 나아가야 한다는 것을 일깨워

주고 있다. 그리고 자신이 갈고닦은 역량만큼 인정받겠다는 사람, 그런 사람이야말로 진정으로 지혜로운 사람이라는 것을 시사하고 있다. 무엇보다 인내는 사람들의 인격을 성숙케 하는 밑거름이 되며, 인내는 고난을 이겨내고 역경을 극복케 하는 원동력이 된다는 것을 대나무는 가르쳐 주고 있는 것이다.

그리고 대나무에게서 배워야 할 또 한 가지의 지혜는, 곧으면서도 유연한 점이다.

대나무는 꺾일지언정 휘지는 않는다지만 사실 바람이 불면 시비를 초월하기 위해 고개를 숙인다. 그렇지만 반드시 본성인 중심으로 다시 돌아와 당당하고 꿋꿋하게 서 있는다. 이는 곧, 어떠한 이권이나 유혹에도 굽힘이 없이 올곧은 자세를 유지하되, 상황과 처지에 따라 유연함으로 적응하고 극복해 나가는 지혜를 대나무에게서 배우라는 의미이다.

이은별 시인도 "비우고 나눠야 행복하다"며 이렇게 말했다. "우리 인생길에는 '비움의 고행'과 '나눔의 행복'이 있다. 비움은 불필요한 것을 갖지 않는 것이요, 나눔은 내가 잠시 맡아 가지고 있던 것을 되돌려 주는 것이다. 우리가 주먹을 꼬옥 쥐고 있으면 그 안에 욕심이 차는데, 그 욕심을 버리고자 할 때 언제라도 주먹을 쫙 펴지 못하면 그 또한 우치愚痴에 다름없다."고.

시인의 이 말이 유독 인상 깊은 것은 바로 대나무가 주는 지혜와 교훈 때문이지 싶다.

혹여 지난 세월 올바른 인식 없이 마냥 덤비며 분주하게만 살아오지는 않았는지, 대나무처럼 자신의 삶을 의연하게 받아들이고 고개를 끄덕일 줄 아는 용기 있는 모습으로 살고 있는지 우리 서로 돌이켜 볼 일이다.

대나무처럼 자신의 삶을 의연하게 받아들이고
고개를 끄덕일 줄 아는 용기 있는 모습으로 살고 있는지
우리 서로 돌이켜 볼 일이다

# 가면 속에 가려진 인간의 허식과 위선

연암 박지원 선생이 쓴 소설 중에 〈호질虎叱〉이라는 작품이 있다. '호질' 이란, '호랑이의 꾸지람' 이라는 뜻이다.

이 작품은 북곽北郭과 동리자東里子라는 가상의 두 위선적인 인물을 내세워 당시의 양반 계급, 즉 선비들의 부패한 도덕관념을 풍자하여 비판한 작품이다.

등장인물인 '북곽' 선생은 도학道學이 높고 인격이 고매하다고 소문이 난 사람이었으며, '동리자' 는 수절 과부로 절행節行이 뛰어나

천자가 칭찬하고 제후가 그 현숙함을 사모하는 인물이라고 많은 사람들은 믿고 있었다. 하지만 '동리자' 에겐 성이 다른 아이들이 다섯이나 있었으니 그녀는 음부淫婦였고 '북곽' 선생은 이런 '동리자' 와 정분이 났으니 그 역시 위선으로 가득한 선비였다.

작품 속에는 제왕의 위엄과 덕성으로 비유된 호랑이가 등장하여 참귀들과 먹을 것을 의논하는 장면이 나오는데 선비를 물리치는 알레고리적 풍유가 매우 흥미롭다.

하루는 호랑이가 산속에서 참귀들과 저녁거리를 뭘 먹을지에 대해 의논하였다. 여기서 '참귀' 들이란 호랑이가 잡아먹어 귀신이 된 부하들이다. 그들이 앞다투어 호랑이의 한 끼 식사로 '의사' 와 '무당' 을 추천하는데, 의사를 잡아먹자니 의심이 나고 무당의 고기는 불결하게 느껴져서 호랑이 마음에 들지 않았다. 그렇다면 청렴한 선비가 어떠냐고 여쭈니 "그런 고기를 먹다가는 너무 딱딱해서 체하거나 구역질이 나지 않겠느냐"며 거절한다.

이렇게 호랑이의 한 끼 식사로도 마땅치 않는 선비로 풍자되는 인물은 바로 곡학아세하는 유학자, '북곽 선생' 을 두고 하는 말이다.

어느 날 밤, 북곽 선생이 동리자의 집에서 밀회를 하고 있었다. 때마침 그녀의 아들들이 어머니의 방에서 나는 이상한 소리를 엿들었다. 아들들은 고매한 북곽 선생이 불륜을 저지를 턱이 없다고 믿은 나머지, 여우가 둔갑한 것이 분명하다며 몽둥이를 들고 방을 습격하였다.

그러자 북곽 선생은 허겁지겁 도망쳐 달아나다가 그만 어두운 밤이라 분뇨 구덩이에 빠졌다. 겨우 머리만 내놓고 발버둥치다가 기어 나오니 이번에는 큰 호랑이가 입을 벌리고 기다리고 있었다. 혼비백산한 북곽 선생은 머리를 조아리며 목숨만은 살려달라고 온갖 아첨을 늘어놓았다. 그 모습을 보고 있던 호랑이가 코를 막고 구역질을 하면서 "아이쿠 그 선비 참 구리구나. 에이, 더러운 선비."라고 탄식하며 유학자의 위선과 아첨, 이중인격을 크게 꾸짖고는 어디론가 사라져버렸다.

북곽 선생은 호랑이가 가버린 줄도 모르고 날이 새도록 그렇게 머리를 조아리며 목숨을 구걸하고 있었다. 날이 새어 아침이 되었다. 밭을 갈러 가던 농부들이 겁에 질려 몸을 잔뜩 웅크리고 있는 북곽 선생을 보고 놀라 그 연유를 물었다. 그러자 그는 "하늘이 비록 높다 해도 머리 어찌 안 굽히며, 땅이 비록 두텁다 해도 어찌 조심스럽게 딛지 않을 수 있겠는가"라며, 하늘을 공경하고 땅을 조심하는 행동을 하고 있다고 변명하였다.

연암은 이 작품을 통해 사람의 지위와 겉모습, 세상의 평판만으로 사람을 평가할 수 없음을 통렬하게 풍자하고 있다. 가면 속에 가려진 인간의 허식과 위선, 이기적인 욕망으로 가득한 인간사회의 부조리에 대한 연암의 풍자가 참으로 날카롭고 매섭다.

프랑스 레비Levis 공작이 저술한 《격률과 교훈》이라는 책에 "귀족은 물론 높은 지위에 오른 인사들은 누구나 자신의 품격에 맞는 처신을 해야 한다."는 구절이 나온다. 바로 이 글에서 노블레스 오블리주의 기원을 찾기도 한다.

요즈음, 사회고위층 인사에게 요구되는 품위와 높은 사회적 신분에 상응하는 도덕적 의무를 다하지 못해 패가망신하는 인사들을 심심찮게 목격한다. 공공정신을 망각한 작태를 보면서 많은 사람들은 허탈감을 감추지 못하고 있다.

우리는 살아가면서 '옷이 날개다', '첫인상이 중요하다'는 말을 자주 듣는다. 이러한 연유로 겉치레에만 치중한 나머지 내면의 그릇을 키우기보다는 자신을 드러내는 일에 열중하지는 않는지, 그리고 사람의 겉모습만 보고 내면을 들여다보지 않은 채, 타인의 말에 현혹되어 사람을 함부로 평가한 적은 없는지 한 번쯤 짚어볼 일이다.

# 100년 전
# 타이타닉호의 교훈

지금으로부터 100년 전 '떠다니는 궁전' 타이타닉Titanic호가 침몰했다. 승객과 승무원 2,200여 명을 태우고 영국 사우샘프턴에서 출항하여 미국 뉴욕시로 항해하던 중 차가운 바닷속으로 가라앉았던 것이다. 당대 세계 최고의 초호화 여객선 타이타닉호가 빙산에 부딪혀 1,500여 명이 숨진 이 사건은 지금까지도 '20세기의 비극' 중 하나로 꼽히고 있다.

이중 바닥에 16개의 방수 격실, 그리고 특정 수위가 되면 자동으로 닫히는 문 등 고도의 안전장치가 구비되어 있었기에 절대 가라앉지 않는 배, 일명 '불침선' 이라고 자랑하던 배였다. 그래서 그 이름도 그리스 신화에 나오는 '거인 장사 타이탄' 의 이름을 따서 타이타닉호라고 붙였다.

타이타닉호의 대참사 원인에 대한 추정은 사건 발생 100주년을 맞은 오늘날까지도 여전히 계속되고 있다. 지난 2007년 9월 타이타닉호의 사물함 열쇠가 경매에 나온 이후, 타이타닉호의 비극은 선원의 부주의와 방심, 그리고 오만이 빚어낸 인재人災였다는 가설이 힘을 얻고 있다고 한다. 문제의 그 열쇠는 선박의 안전운항을 책임진 망루 선원이 사용할 망원경이 들어 있던 사물함 열쇠였다.

당시 망루 선원은 '데이비드 블래어' 라는 자였는데 출항 직전에 갑자기 교체되는 바람에 깜박 잊고 후임자에게 사물함 열쇠를 전해주지 않았다고 한다. 때문에 후임 망루 선원 프레드릭 플리트는 맨눈으로 앞을 살펴야 했다는 것이다.

천체나 기상의 상태, 추이, 변화 따위를 관찰하여 안전운항을 유도하여야 할 망루 선원이 망원경도 휴대하지 않은 채 출항을 서둘렀으니 참으로 어처구니가 없는 일이 아닐 수 없다. 그래서 사고는 그때 이미 잉태된 것이나 마찬가지라는 것이 역사학자들의 주장이다. 심지어는 예년에 비해 기온이 현저히 낮다는 기상보고도, 항로상에 빙산이 발견되고 있다는 다른 선박들의 경고도 무시했다. 그리곤 경쟁사에게 대서양 운송의 기선을 뺏기지 않으려고 전속력으로 달렸다고 하니 비극을 재촉한 작태에 다름 아니다.

침몰하기 전날 오전, 항로에 빙산이 떠돌고 있다는 경고 무전이 서너 번 들어왔으나 타이타닉호 선원은 아무도 주의를 기울이지 않았다고 한다. 그리고 그날 밤 11시경, 또다시 근처를 항해하던 화물선 '캘리포니안호'의 통신사 에반스가 빙산을 조심하라는 무전을 보냈으나 타이타닉호의 무선사 존 필립스는 승객들의 통발신 업무에 쫓긴 나머지 신경질적인 반응을 보이며 벌컥 화를 냈다는 것이다. 그래서 무안을 당한 캘리포니안호의 무선사는 "에라 모르겠다" 무전기를 끄고 잠들어 버렸다고 한다.

결국 타이타닉호는 처녀 항해에 나선 지 겨우 4일 17시간 30분만에 최후를 맞고 말았다. 안일한 생각과 사소한 방심, 그리고 과도한 경쟁이 참변을 불렀던 것이다.

만약에 무모한 경쟁을 피하고 안전 항해수칙을 지켰더라면, 다른 배들이 잇따라 보내는 빙산위험 경고 전문에 주의를 기울였더라면 비극은 일어나지 않았을지 모를 일이다. 또한, 캘리포니안호의 무선사에게 면박을 주지만 않았어도 희생자는 훨씬 줄일 수 있었을 것이다.

튼튼한 댐이 작은 바늘구멍 하나로 무너지듯, 안전불감증으로 인한 사소한 부주의와 방심이 결국 자기뿐만 아니라 이웃을 망치고 사회적인 불행을 초래한다는 사실을 타이타닉호는 우리에게 경고하고 있다.

재난의 계절, 여름이 다가오고 있다. 재난통계자료에 따르면, 지역에서 발생한 사고 가운데 안전관리 부주의 등 인적 요인으로 인한 것이 81%로 대부분을 차지하고 있다고 한다.

우리 속담에 '설마가 사람 죽인다'는 말이 있다. 100년 전 타이타닉호의 비극을 새삼 떠올리며 우리 사회 인프라 전반에 걸쳐 가장 기본적인 관리의 원칙인 안전이 위협받는 요소는 없는지 지금부터 살피고 또 살펴보아야 할 것이다.

# 말은 그 사람의 운명을 운전하는 운전대

우리는 영화나 책을 보고 이야기할 때 스스로 작가나 주인공인 것처럼 이야기하곤 한다. 또 두 사람이 대화를 시작하면 보통 몇 초 안에 서로 말투가 닮아가기 시작하는데 이러한 경향을 '언어 구사 유사성language style matching(LSM)' 이라고 한다.

실제로, 집집마다 가족들의 모습을 보면 생김새는 달라도 말투는 신기하게도 많이 닮았다. 살아가면서 부부가 닮고 부모와 자식이 닮아간다. 또 그 말투는 아이들도 닮아간다는 사실이 상당히 의미심장하다.

한 아기 엄마의 육아 경험담은 충격적이다. 보채며 울어 대는 한 살배기 동생을 바라보고 있던 세 살 된 형이 혀를 끌끌 차더니 못마땅한 어조로 "어이구, 넌 누굴 닮아서 이러니?"라며 불쑥 쏘아붙이더라는 것이다. 그 모습을 보고 있던 아기 엄마는 아연실색했다고 한다. 평소 자기가 하던 말투를 꼭 빼어 닮았다는 생각에 너무 창피해서 고개를 들 수도 없을 만큼 자괴감이 들었다는 것이다.

좋은 말투는 서로 닮아서 화목하지만 잘못된 말투는 서로 닮아서 다투곤 한다. 말의 의도와 내용과는 상관이 없다. 순전히 말투나 말하는 태도 때문이다.

사람을 기분 좋게 혹은 기분 나쁘게 만드는 것은 말의 내용보다 말투나 말하는 태도다. 말투나 말하는 태도가 잘못됐을 때 기분이 나빠지고 심한 경우 싸움이 벌어진다.

명품언어 멘토가 강력 추천하는 책, 이상헌 작가의 《흥하는 말씨 망하는 말투》는 말의 중요성을 모르고 있는 이들에게는 충격과 같은 깨달음을 준다. 그는 "당신이 지금 어떠한 어려움에 처해 있다고 하더라도 당신 자신에게 내재한 긍정언어의 힘을 믿고 만 번만 말하면 어떤 일이라도 반드시 이루어진다."고 말한다. 그러면서 "능력 못지않게 중요한 것은 바로 말하는 기술"이라며, "'어떻게 말하는가'는 당신이 '어떤 사람인가'를 말해주는 척도"라고 강조한다.

사람은 하루에 5만 마디의 말을 한다고 한다. 정성 성誠자는 말씀 언言 변에다 이룰 성成자를 합친 글자인데, '말대로 이뤄지므로 말을 정성스럽게 하라' 는 뜻이다. 그런데 정성스럽거나 소망이 담긴 말은 10퍼센트 안팎이라고 한다. 그 외에는 대부분 무의미하거나, 부정적이고 비난하는 말의 일색이라는 것이다. 말에는 파동이 있어 내가 한 말은 제일 먼저 자신에게 영향을 주고 그 다음으로 주위에도 영향을 미친다고 한다.

'말은 그 사람의 운명을 운전하는 운전대' 라는 말이 있다. 긍정적인 언어를 쓰는 사람은 어디서나 일이 잘 풀리고, 부정적인 언어를 사용하는 사람은 되는 일이 없다는 것이다. 긍정적인 말과 적극적인 표정을 만들어 보자. 말과 표정이 운명을 만든다고 하니….

그리고 대화에도 다섯 가지 원칙이 있다고 한다. '구슬이 서 말이라도 꿰어야 보배' 라는 말이 있듯, 아무리 내용이 좋더라도 제대로 소통하지 못하면 하나 마나 한 말이 되고 말기 때문에 그런 불상사를 막기 위해서는 대화의 원칙을 잘 지켜야 한다는 것이다.

그 첫째가 '먼저 무엇을 말할지 생각하라' 는 것이고

둘째, 듣기를 더 많이 하라

셋째, 대화의 목표를 생각하라

넷째, '자신이 상대방의 의도를 알 거라고 전제하지 말라' 이며,

다섯째는, '상대방이 자신의 의도를 알 거라고 전제하지 마라' 이다.

특히, 네 번째와 다섯 번째 원칙이 마음에 와 닿는다. 서로의 의도를 안다고 착각했다가 낭패를 보는 경우가 적지 않기 때문이다.

'머리는 끝부터 가르고 말은 밑부터 해야 한다' 라는 속담이 있다. 남이 알아듣게 차근차근 말하라는 뜻이다. 알아들어야 말이고 서로 나누어야 대화이다.

# 미국인들이 링컨 대통령을 존경하는 이유

어떤 지도자가 훌륭한 지도자인가? 이런 생각 참 많이 하는 요즈음이다. 오는 10월 26일 서울시장 보궐선거를 앞두고 정치권에서는 내년 총선과 대선까지 미칠 영향을 감안하여 벌써부터 과열양상을 보이고 있다. 급기야는 서울시장 후보의 구원투수로 등판한 박근혜 전 한나라당 대표와 문재인 노무현재단 이사장 등 여 · 야 예비 대선주자들까지 서울시장 선거 현장에서 격돌하면서 서울시장 보궐선거는 대선의 전초전이 됐다.

이러한 정치현상을 지켜보다가 문득, 미국인들은 링컨 대통령을 왜 그렇게 오래도록 존경하고 사랑할까? 하는 생각이 떠올랐다.

링컨은 완벽한 인간이 아니었다. 정치계에 들어서기 전이었던 1832년 블랙호크전쟁에 참전하여 인디언 정벌에 나선 적이 있고, 초점을 잃은 눈동자에서 짐작할 수 있듯이 심한 우울증 환자이기도 했다.

이런 그가 흑인노예제도에 대해 반대한 이유는 이러하다. 링컨은 가난한 농민의 아들로 태어나서 어려서부터 노동을 해야 했다. 이렇게 노동을 해서 받은 보수는 전부 아버지에게 드려야 했고, 학교 교육이란 꿈도 꿀 수 없었다. 그래서 자신의 처지가 흑인노예나 다름없다고 생각했던 것이다. 뜨거운 땡볕이 내려쬐는 목화밭에서 하루 종일 일한 노고가 일한 자들이 아닌 다른 사람의 몫으로 가는 것은 정당하지 않다고 생각했고, 성공의 기회가 완전히 차단당하는 사각지대가 존재한다는 사실은 온당치 못하다고 여겼던 것이다.

일반시민들 사이에서도 이러한 인식이 확산되면서 1854년 노예제도에 반대하는 정당이 창당된다. 바로 미국 보수주의 뿌리인 공화당인데, 이때부터 노예제도가 본격적인 정치문제로 떠올랐고, 국론은 분열되었다.

공화당에 입당한 링컨은 노예제도에 대해 많은 관심을 갖고 정치에 입문하려 하였으나 그는 많은 선거에서 떨어졌다. 29세에 의회

의장 선거에서 떨어졌으며, 31세에 대통령 선거에서 떨어지고, 34세에 국회의원 선거에서마저 낙선한 후 37세에 국회의원에 당선되었지만 39세에 국회의원 선거에 또다시 떨어지고 말았다.

그리고 7년 후, 46세에 일리노이 주 상원의원 선거에 출마하여 민주당 더글러스와 노예문제에 대해 치열한 공방을 벌였다. 그때 링컨은 "갈라져 싸우는 집은 바로 설 수가 없다. 나는 이 정부가 반은 노예, 반은 자유의 상태에서 영구히 계속될 수 없다고 믿는다."며 유권자를 향해 지지를 호소했다. 150년이 지난 지금 들어도 참 가슴을 울리는 말인데 결과는 패배였다. 이후에도 낙선은 계속되는데, 47세에 부통령 선거에 낙선되었으며, 49세에 상원의원 선거에 떨어졌다.

하지만 링컨은 "모든 인간은 평등하게 태어났으므로 한 인간이 다른 사람을 노예로 만드는 것과 관련된 도덕적 권리는 있을 수 없다."는 의지를 강하게 내세우며, 인상적인 연설과 토론, 그리고 확고한 신념으로 많은 사람을 매료시켰고, 마침내 1860년 11월 6일 민주당 후보 더글러스를 제치고 국민들의 선택을 받았다.

그리고 이듬해 남북전쟁이 일어난다. 북부가 노예를 해방시키기 위해 일으킨 전쟁이 아니었다. 무제한으로 노예제를 확대하려는 남부 연합이 분리 독립하기 위해서 도발한 전쟁이었다.

이 전쟁에서 링컨은 강력하게 맞서 대응하였는데, 그 이유는 두 가지였다. 하나는 연방제 유지였고, 다른 하나는 미국독립선언서에

명시된 대로 모든 사람이 평등한 세상을 건설하는 것이었다.

그는 한 가지를 위해서 또 다른 한 가지를 타협하거나 포기하지 않았고, 60만 명 사망이라는 엄청난 희생을 치르면서도 기필코 뜻을 이뤄낸다. 전쟁 중에 노예제를 금지하도록 헌법을 수정했고 남부가 항복한 이틀 후, 흑인들에게 투표권을 줘야 한다고 역설하였지만 그로부터 나흘 후 암살되었다. 이렇듯 링컨의 행보는 위험했고 자신의 암살을 예감했었는지도 모를 일이다. 그렇게 그는 분열이 아닌 통합을 위해서 자신의 한계를 넘어섰고 목숨까지 불사른 거인이었다.

지금까지 미국인들이 링컨을 존경하는 이유는, 단순히 흑인 노예를 해방했기 때문만은 아닐 것이다. 그가 아니었다면 북부와 남부, 흑인과 백인이 하나가 된 오늘날의 미합중국이란 존재하지 않았을지 모르기 때문일 것이다.

# 성공을 이끈 위대한 '결단'과 '책임정신'

요즘 신조어 중 '네타티즘(네 탓 + -ism)'이란 말이 있다. '잘되면 제 탓, 못되면 조상 탓'이란 옛말을 패러디한 것인데 자기의 잘못을 남의 탓으로 돌리는 태도, 또는 그런 사고방식을 뜻한다.

매사를 남의 탓으로 돌리는 오늘날의 세태가 걱정되었음인지, 이승구 교수는 "역사의 판단 앞에 선다는 자세를 가져야 한다."며 한

신문칼럼에 이런 글을 남겼다. "커다란 정책이든지, 사소한 일이든지 책임지는 이들이 없고 오히려 다른 이들이 책임을 지는 현실을 보면서 많은 한국인들의 마음 가운데 강하게 부각된 것이 바로 책임 사회를 향한 염원"이라고 일갈했다. 또 어떤 네티즌은 "과오에 대해 책임지는 자세와 과오를 책임진 자에 대한 관용이 있을 때만 통합이 가능하다.", "사과를 하고 책임지는 자세를 보여주는 사람에겐 아낌없이 박수를 보내자."는 등의 글을 트위터에 올렸다. 21세기 변혁의 시대를 함께 이끌어 나가기 위해서는 무엇보다 자신의 결정에 책임지는 자세가 필요하다고 강조하고 있는 것이다.

미국 최고의 피한避寒 휴양지 키웨스트Key West에는 '패기와 책임 정신'을 엿볼 수 있는 역사적인 현장이 있다. 바로 미국의 33대 대통령 해리 S. 트루먼이 휴가지로 애용했던 '작은 백악관Little White House'이다. 트루먼 대통령이 재임시절 휴가 때면 가족과 수행원들을 대동하고 종종 이곳에 묵으면서 집무를 봤다 해서 붙여진 이름이다.

'백악관'이란 이름에 걸맞게 하얀색으로 칠해진 이곳은 트루먼이 사용하던 그 시절 그대로 보존돼 있다고 한다. 그중에서도 유독 사람들의 눈길을 끄는 것이 있는데 바로 그가 사용하던 책상이다. 그 책상 위에는 트루먼이 평생의 인생 원칙으로 삼았던 문장이 새겨진 길쭉한 패牌가 놓여 있는데 앞면에는 'The Buck Stops Here' 그리고 뒷면엔 'I am from Missouri'라고 적혀 있다는 것이다.

'모든 것은 내가 책임진다' 로 풀이되는 이 관용어의 유래는 서부 개척시대 포커게임에서 딜러 앞에 손잡이가 사슴뿔로 된 칼 buckhorn knife을 놓아두던 관습에서 비롯됐다. 포커를 좋아했던 트루먼은 어려운 결정이나 책임을 남에게 미루지 않고 직접 담당하겠다는 의미로, 이 문장을 일생의 철칙으로 삼았다고 한다.

하지만 대통령 취임 초기 그는 국민들로부터 신망을 받지 못했다. 1945년 1월, 그가 부통령에 취임한 지 83일이 되던 날, 프랭클린 루스벨트 대통령의 급서로 대통령직을 승계하였으나 국민들은 의구심으로 그를 바라봤다. 특히 제2차 세계대전을 승리로 이끈 국민적 영웅, 루스벨트의 죽음으로 충격과 슬픔에 휩싸여 있던 터라 '고졸高卒 출신에 미주리 주 시골뜨기가 과연 전쟁에서 승리를 이끌 수 있을까?', '계속되는 경제침체를 극복시킬 수 있을까?' 등등을 우려하며 못 미더워했다. 그러다보니 취임 초인 1952년 2월에 갤럽이 실시한 여론조사에서 지지율이 22%까지 떨어졌다. 트루먼 자신도 당시를 "달과 별과 모든 유성이 갑자기 나를 향해 떨어지는 기분이었다."고 회고했다.

그러한 그가 이 '작은 백악관' 내 기념관에 그의 이름이 헌액되고 미국인들로부터 존경의 대상이 된 이유는, 그 명패의 문구대로 세계사의 운명을 좌우한 숱한 결정을 놀랄 만큼 침착하게 처리했기 때문이다. NATO의 결정도 그의 몫이었고, 일본 히로시마에 원자폭탄 투하 결정을 내려 2차 세계대전을 종결시킨 것도 그였다. 그는

1950년 한국전쟁이 발발하자 곧바로 미군의 참전을 지시하기도 했고, 한국전쟁이 한창일 때 맥아더 장군을 해임한 것도 그였다. 그리고, 전쟁으로 피폐해진 유럽의 경제재건과 공산진영의 확장을 막기 위해 마셜플랜을 수립했으며 아랍국가들과 관계 악화를 걱정하는 비판의 목소리에도 불구하고 당시 막 수립된 이스라엘을 국가로 인정했다. 그뿐 아니다. 내부적으로는 남부지역에서 지지율이 떨어질 것을 감수하고 1947년에 고용평등을 강화하는 법률개정을 추진해 흑인들에게 일할 권리를 보장했다.

그는 대통령직에서 물러난 후, 재임시절에 한 일 중에서 가장 중요한 것은 '결단' 이라고 소회하면서, "지도자는 잘된 결정을 내리는 게 제일 좋고, 잘못된 결정을 내리는 게 그 다음이며, 결정을 내리지 않는 게 가장 나쁘다."는 어록을 남겼다. 그의 이러한 사상과 마음가짐은 오늘을 사는 우리에게 '진정한 주인의식' 이 무엇인지를 새로이 되돌아보게 한다.

잘 안 되는 조직, 불행한 사람들의 고질적인 특징은 '내 잘못이 아니다' '내 소관이 아니다' '내가 알 바 아니다' 는 식의 무책임과 변명, 핑계이다. 자신의 실수나 책임을 전혀 인정하지 않는다. 《바보들은 항상 남의 탓만 한다》라는 책을 쓴 존 G 밀러는 남의 탓만 하는 바보가 되지 않으려면, '언제, 누가, 왜' 를 묻지 말고 '내가 지금 무엇을 어떻게 할 것인가?' 를 물으라고 했다. 묻고 따지기 전에 '모든 책임을 내가 감당한다' 는 정신으로 스스로 할 일을 찾자는 것이다.

# 제2부

# 가진 자의 철학

# 제2부 가진 자의 철학

/

가진 자의 철학 | | 휴식은 삶의 자양분 | 세금은 문명사회에 사는 대가 | CCTV 찬반 논란에 대하여 | 사물의 이면과 본질의 통찰 | 생각하는 대로 되고, 말하는 대로 된다 | 성공의 비결은 '끝까지 하는 힘' | 세상에서 제일 나쁜 버릇 | 영혼의 교감 | 우리네 가슴에 '다정한 에너지'를 가득 채우자 | 우리 지역의 문화유산에 멋진 이야기옷을 입혀보자 | 주름살 펴고 살려면 | 통섭적인 마인드로 무장하자 | 함께할 수 있는 비결 | 침묵은 성공의 중요한 요소 | 부부의 관계 | 2012 런던올림픽을 계기로

# 가진 자의 철학

전남 구례에는 옛 선조들의 적선과 덕행을 엿볼 수 있는 고택이 있다. 구례군 토지면 오미리에 소재한 운조루雲鳥樓와 마산면 상사마을에 위치한 쌍산재雙山齋가 바로 그것이다.

호남지방의 전형적인 양반가옥인 운조루는 조선 영조 52년(1776년)에 낙안군수를 지낸 문화 류씨의 7대조 류이주柳爾冑가 지었다고 한다. 당호堂號에서 보듯, 벼슬을 버리고 고향으로 돌아온 심정을 담기 위해 도연명이 낙향하며 쓴 시, 〈귀거래사歸去來辭〉에서 그 이름을 따왔다고 한다. 그러니까 '구름 위로 나는 새가 날아와서 쉬는 집' 이라는 뜻이다.

또한, 해주 오씨가 6대째 터를 지키고 있는 쌍산재는 200년 전에 지은 한옥으로, 우리나라 풍수지리의 원조인 도선 국사가 풍수의 이치를 연마했다는 명당이기도 하다. 몇 년 전 배창호 감독의 영화 〈흑수선〉이 촬영되기도 했던 곳이다.

그런데 4반세기가 넘도록, 어떻게 이 고택들이 온전하게 보존되어 왔을까? 더군다나 구례는 우리나라 격동기 근현대사의 수난과 아픔을 고스란히 간직하고 있는 땅이다. 동학과 빨치산, 여순반란 사건 등 좌 · 우의 대립이 극심하게 맞부딪쳤고 그 때문에 탐관오리와 가진 자들은 심한 고초를 겪었다. 부정부패와 빈부격차가 심해지면서 정부와 기득권 세력들에 대한 불만이 컸기 때문이다.

'덕은 베푼 곳으로 가고 죄는 지은 곳으로 간다' 고 했던가. 이들 고택들이 화를 입기는커녕 농민들의 보호를 받았던 것은 두 집안 공히 적선을 많이 한 덕가德家로서 평판이 자자했기 때문이었다. 심지어 빨치산이든 경찰이든 쫓겨서 이 집안으로 들어오면 추적자가 알면서도 그냥 돌아갔다는 것이다. 이웃들에게 기꺼이 베풀고 그 베풂마저 소리 없이 흔적 없이 배려한 마음씨를 살펴보면 절로 고개가 숙여진다.

문화 류씨 종택 운조루에는 신기하게도 집 위로 솟아야 할 굴뚝이 나지막하다. 당시 그 마을에는 배를 곯는 사람이 많았기에 굴뚝 연기를 보면 더 허기를 느끼게 되고 힘들어 할까봐 연기를 감추려

'덕은 베푼 곳으로 가고 죄는 지은 곳으로 간다'고 했던가. 이들 고택들이 화를 입기는커녕 농민들의 보호를 받았던 것은 두 집안 공히 적선을 많이 한 덕가德家로서 평판이 자자했기 때문이었다.

고 일부러 굴뚝을 낮게 달았다는 것이다. 그리고 '배려와 나눔을 상징하는 장소' 로 전해지는, 이 대저택의 곳간엔 커다란 쌀뒤주가 하나 놓여져 있다. 둥그런 통나무의 속을 비워내고 만든 뒤주는 쌀 두 가마니 반은 족히 들어갈 크기인데, 끼니를 잇기 힘든 사람들이 쌀을 꺼내갈 수 있도록 뒤주 아래쪽 마개에 '타인능해他人能解' 라는 글씨를 새겨놓았다. 타인능해. 직역하면, '누구든지 마음대로 열 수 있다' 는 뜻이다. 의역을 하면, '쌀이 필요한 사람은 아무나 와서 가져가세요' 라는 뜻이 될 것이다. 가만히 생각해 보면, 가난한 사람들에게 도움을 주면서도 그들의 자존심을 지켜주기 위한 배려였지 싶다.

쌍산재 역시 명부名富와 의부義富의 철학이 깃들어 있는 고택이다. 전답이 많았던 이 집에는 머슴들이 많았다고 한다. 그래서 늘 대식구의 밥상을 차려야만 했다. 그 당시는 쌀이 귀한 때인지라 어느 집 할 것 없이 밥솥에 삶은 보리쌀을 깔고 가운데 쌀을 조금 얹어서 밥을 지었다. 그리고 밥을 풀 때는 집안의 웃어른부터 서열대로 쌀밥을 퍼 담았다.

하지만 이 집은 달랐다. 맨 먼저 집안의 어른인 조부님 밥을 푼 다음, 머슴들 밥을 담았고, 그리고 나선 솥 안의 밥을 모조리 섞어서 식구들의 밥을 펐다. 식구들보다 머슴 밥그릇에 쌀밥이 더 많이 담기도록 배려한 것이었다.

자고로 부자는 선善으로 이름을 떨치라 했다. 혹독한 추위에 힘들어하는 서민들을 위해 익명의 독지가들이 성금을 기탁하는 사례가 속출하고 있는 가운데, 얼마 전 한 언론에 한국 부자들의 부끄러운 얘기가 실렸다. 이들이 지난 40년간 빼돌린 '머니 엑소더스(재산 해외도피)'가 무려 900조 원에 달한다는 충격적인 보도였다. 이래서 "한국 사회엔 '부자'는 있지만 '귀족'이 없다"는 비아냥을 듣는 것이다.

가진 자에게 요구되는 덕목은 투철한 도덕의식과 공공정신이다. 힘들고 어려운 사람들에게 베풀고 사회를 따뜻한 공동체로 만들고자 했던 운조루와 쌍산재에 얽힌 이야기는, '노블레스 오블리주의 정신'이 무엇인지를 가르쳐주고 있다.

# 휴식은
# 삶의 자양분

박근혜 정부는 새 정부 국정과제 중 하나로 '대체휴일제' 도입을 설정했다. 시행은 올 상반기 중으로 예상된다.

'대체휴일제'는 공휴일이 주말과 겹칠 경우 대신 평일에 쉬는 제도다. 이 제도는 중국, 대만, 러시아, 미국 등에서 이미 실시하고 있고, 일본은 1998년부터 4개 공휴일을 아예 월요일로 옮기는 '해피먼데이' 제도를 시행하고 있다. 대체휴일제가 시행되면 일요일인 올해 어린이날(5월 5일) 같은 경우, 월요일인 6일에 대신 쉴 수 있게 된다. 직장인들에게는 토요일부터 월요일까지 3일간 단기휴가가 생기는 셈이다.

국내 주요 대기업들은 이미 '삶과 일의 균형' 을 생각해 쉬는 시간을 갖도록 하는 것이 직원들의 창의성에 도움이 되는 것으로 보고 '워크 스마트' 제도를 도입하는 등 조직 운영 패러다임을 바꾸고 있다. 따라서 당장 대체휴일제가 시행돼도 큰 문제는 없다고 말하는 반면, 중소기업 측은 조업 일수가 줄어들어 생산성에 타격을 입게 될 것이라고 우려하는 눈치다.

하지만 한 기업인은, "휴무를 가족과 즐겁고 행복하게 보낼 수 있는 직원이 직장 생활에서도 적극적이고 창의적으로 뛰어난 역량을 발휘할 수 있다."는 견해를 밝혔다. 정부에서도 대체휴일제로 단기휴가가 늘어나면 국내 여행 산업이 활성화되면서 내수 경기에 도움이 될 것으로 보고 있다. 이러한 관념은 과일나무가 '해거리' 를 하는 이유에서도 찾을 수 있을 것 같다. 휴식은 다른 모든 것을 포기하고서라도 얻어야 할 삶의 자양분임을 나무가 가르쳐 주고 있기 때문이다.

나무는 씨앗이 처음 떨어진 곳에서 평생을 살아야 하는 운명이다. 한자리에서 이용할 수 있는 영양분의 양이 한정되어 있고, 그렇다고 먹이를 찾아 떠날 수도 없는 신세이다 보니까 양분을 축적할 시간을 가지려고 한해 걸러 열매를 맺는 '해거리' 를 한다고 한다. 감귤나무의 경우, 유독 해거리에 민감해서 흉년인 해에는 귤이 적게 열리면서 열매는 크나 맛이 덜하고, 풍년인 해에는 당도가 높은 소과와 중과가 열린다고 한다. 더 좋은 열매를 맺기 위해서, 그리고 살아남기 위해서 한해 걸러 한 번씩 열매를 조금씩 맺으며 재충전을 한다는 것이다.

이렇듯 나무는 해거리를 통해 스스로를 통제하면서 '휴테크休-Tech'를 하는데 사람은 일과 휴식을 구분하지 못하고 자신의 몸을 혹사시키는 현실이 안타깝다. 반복되는 일상에 지쳐서 '쉬고 싶다', '어디론가 훌쩍 떠나고 싶다'고들 하면서도 정작 쉬이 일에서 손을 놓지 못하는 이유는 "남들이 열심히 일하는 걸 보면 조바심이 들기 때문"이라고 말하는 사람도 있는데, 내가 생각하기엔 '휴식문화'에 길들여 있지 못한 것도 그중 하나이지 싶다.

지금의 기성세대 대부분은 산업화시대를 넘어 무한경쟁시대를 거쳐 오면서 한발만 뒤처져도 영원히 낙오된다는 강박감에 짓눌려 쉬지 않고 치열하게 달려왔다. 그러다 보니, 자신도 모르게 '논다는 것에 대한 편견'과 '내가 아니면 안 된다'는 이기적인 사고가 깃들어 있는 것이다. 뒤늦게 뭔가 잘못 됐다는 생각에 가족과 함께 영화도 보고, 여행도 계획해 보

나무는 해거리를 통해 스스로를 통제하면서 '휴테크休-Tech'를 하는데 사람은 일과 휴식을 구분하지 못하고 자신의 몸을 혹사시키는 현실이 안타깝다.

지만 그것도 마음처럼 쉽지가 않다.

예술Art이란 말의 어원은 원래 휴식이란 뜻에서 나왔다고 한다. 따라서 "휴식이란 그만큼 예술적인 것이며 어떻게 휴식을 하느냐가 바로 다음 일, 즉 재생산과 직결되는 것"이라고 진영선 교수는 강조한다. 또 어떤 학자는 "숨을 쉰다는 말과 일손을 놓고 쉰다는 말은 같은 말"이라며 "쉬지 않으면 숨통이 막혀 죽게 된다."는 말로 휴식을 강조한다.

휴식休息, 쉴 '휴' 자에, 숨쉴 '식' 자이다. 그런데 한자 풀이가 재밌다. '휴休' 자는 사람人이 나무木에 기대어 있는 모양새이고, '식息' 자는 마음心 위에 자신自을 가만히 올려놓은 모습을 하고 있다. 그러니 '휴식' 이란 말의 뜻은 "나무에 기대어 일상의 삶에서 조금 후퇴하여 자신을 돌아보는 것"이라고 말하는 이도 있다.

생각해보면, 쉰다는 것은 아무것도 하지 않은 채 모든 생산적인 활동을 그만두는 것이 아니라, 대나무가 한 호흡 쉴 때마다 마디를 맺고 성장을 지탱해 주듯이, 에너지를 집중하고 창의적 역량을 축적하는 일임에 분명하다. 한해 동안 열매 맺기를 과감히 포기하면서 스스로를 재충전하는 나무처럼 잠시만이라도 쉬어 에너지를 얻는다면 그것이야말로 풍성하고 실한 열매를 맺기 위한 '진정한 시작' 이 아닐까 싶다.

# 세금은 문명사회에 사는 대가

각 지자체마다 체납세 제로, 납세문화 정착을 위해 강도 높은 재정혁신 대책을 추진하고 있는 가운데 경북 예천에는 마을 수호목이자 당산나무가 자기 이름으로 재산을 소유하고 세금까지 내고 있어 화제다. 감천면 천향리에 있는 천연기념물 제294호 '석송령石松靈'과 용궁면 금원평야의 논 한가운데 서 있는 천연기념물 제400호 '황목근黃木根'을 두고 하는 말이다.

석송령石松靈은 키가 11m에, 동서로 뻗어 나간 가지가 30m나 돼서 무려 1000㎡에 걸쳐 그늘을 펼쳐낼 만큼 크고 아름다운 소나무다. 이 나무는 지금으로부터 약 600여 년 전, 북쪽 풍기에서 큰 홍수가 났을 때 마을 앞 석간천을 따라 떠내려오던 어린 소나무를 마을 사람들이 건져 올려 심었다고 전해진다.

그런데, 놀랍게도 사람처럼 지금의 주민등록번호에 해당하는 호적번호를 가지고 있고, 자기 이름으로 등기한 재산도 있으며, 매년 재산세를 꼬박꼬박 내는 성실한 납세자일 뿐 아니라 인근 초등학교에 장학금까지 주고 있다고 한다. 현재 이 소나무의 재산은 토지가 6천600㎡, 약 2천여 평이며, 2012년 현재 3천여만 원의 잔고가 있고, 그의 토지에서 밭을 일구는 사람으로부터 소작료도 받고 있다. 그래서 이 마을 사람들은 '부자나무', '장학금나무' 등으로도 부르고 있다.

이 나무가 자기 명의로 토지를 소유하게 된 것은, 일제 수탈이 한창이던 1930년으로 거슬러 올라간다. 당시 이 마을에 살던 이수목이란 노인이 '석평 마을의 영험한 나무'란 뜻으로 '석송령'이라는 이름을 지어주었다. 그는 가진 재산은 많았지만 대를 이을 후사가 없는 것이 늘 걱정이었다. 그러던 어느 날, 이 소나무 아래서 낮잠을 자는데 꿈인 듯 생시인 듯 "걱정하지 말아라." 이런 소리를 들었다고 한다. 노인은 그 목소리가 소나무에서 흘러나온 소리라고 생각하고 한 가지 결심을 했는데 바로 자신의 전 재산을 이 소나무에게 모두 물려주기로 한 것이었다.

그래서 그길로 군청에 가서 토지대장 주민등록번호 난에 3750-00248, 성명 난에 석송령이라는 이름을 등재했는데 그 당시 석송령이 상속받은 땅은 대지가 3천937m², 약 천190평에 논밭이 5천87m², 약 천538평이었다고 한다. 노인이 이렇게까지 했던 연유는 참으로 깊은 뜻이 숨겨져 있었다. 후사 없이 죽어서 막대한 재산을 일제에 억울하게 빼앗기느니 마을을 지키는 큰 나무에게 상속하면 마을 사람들에게 보탬이 되리라는 생각에서 비롯한 일이었다는 것이다.

또한 황목근은 500년 수령의 팽나무인데, 이 나무가 재산을 갖게 된 이야기도 재밌다. 이 마을 아낙들은 어려울 때를 대비해 밥을 지을 때마다 쌀 한 공기씩을 덜어내 공동재산을 마련했다고 한다. 1939년, 일본인들의 약탈이 극심해지자 공동재산을 땅 1만2200m²와 바꿔 이 나무에게 물려주면서, 모내기철이 되면 노란색의 꽃을 피운다고 해서 성은 '황'이라고 하고 뿌리가 있는 나무라는 뜻에서 '목근'이라는 이름을 지어주고는 재산을 지키게 했다는 것이다.

지금 각 지자체에선 눈덩이처럼 불어나는 체납세와의 전쟁을 치르고 있다. 체납세가 쌓이면서 자치단체의 재정 여건이 악화되고 있기 때문이다. 비상수단으로 고액 체납자에 대한 부동산 및 신용카드 매출채권 · 보험금 등의 금융재산, 골프장 · 콘도 · 체육시설 회원권을 비롯한 체납자와 연관된 모든 재산을 면밀히 추적 · 조사해 발견 즉시 압류와 공매처분, 채권을 추심하는 등 체납세 징수에 힘을 쏟고 있지만 노력한 만큼의 실효를 거두지 못하고 있는 것이 사실이다.

문화 복지에 대한 주민들의 관심과 욕구가 날로 증가하면서 국가나 지자체의 재정압박이 가중되고 있다. 탈세는 공동체적 의식을 버리는 행위이다. 사물의 가치를 변별하거나 인식할 능력이 없는 나무도 성실하게 세금을 납부하고 있는데, 하물며 사람이 세금을 내지 않는대서야 어찌 민주시민이라 할 수 있겠는가.

국민이 지는 공적 의무의 출발은 세금 내는 일이다. 미국의 올리버 홈즈 전 대법관은 "세금은 문명사회에 사는 대가"라고 말했고, 케네디 전 대통령은 "세금은 시민권의 연회비"라고 말했다. 우리나라 헌법에서도 납세란 '국가 또는 공공단체의 유지에 필요한 경비를 부담하여야 할 국민의 기본의무' 라고 정의하고 있다.

# CCTV 찬반 논란에 대하여

최근 시내 곳곳에 설치된 CCTV와 관련하여 찬반 논란이 뜨겁게 달아오르고 있다.

날로 범죄가 지능화 · 흉포화되면서 시민들의 불안감이 커짐에 따라 CCTV가 안전을 지켜주는 또 하나의 경찰 역할을 하고 있다는 평가가 있는 반면, 사생활 침해의 우려 또한 크다는 것이다.

국가인권위에 따르면, 서울 및 각 광역시에는 1㎢당 CCTV가 평균 9.7대, 지방은 평균 0.6대가 설치되어 있다고 한다. 따라서 수도권에 사는 주민은 하루 83회 CCTV에 찍히고, 큰길을 지날 때는 9초에 한 번꼴로 노출된다고 한다.

현재 전국의 각급 공공기관에서 방범, 주정차 단속 등을 위해 35만 대의 CCTV를 운영하고 있고, 여기에다 행정안전부의 CCTV통합관제센터에는 9200명의 전문 관제요원이 전국에 설치된 약 10만 개의 공용 CCTV를 24시간 모니터링하고 있다고 한다.

시민의 안전과 범죄예방을 위해 설치 · 운영하고 있는 것이지만, 주민의 일거수일투족을 손바닥 들여다보듯 훤히 꿰고 있다는 인식을 주다보니 '감시를 당한다'는 볼멘소리가 나올 법도 하다.

심지어 어떤 이는 '빅 브라더Big brother 세상'이 다가오고 있다며, 무서운 세상이라고 개탄한다. 인간이 인간을 믿지 못하고 기계에 의지해야만 하는 사회가 서글프다는 것이다.

원래 '빅 브라더'의 의미는 사회학적 통찰과 풍자로 유명한 영국의 소설가 조지 오웰George Orwell(1903~1950)의 소설 《1984》에서 비롯된 용어로서, 정보의 독점으로 사회를 통제하는 관리 권력, 혹은 그러한 사회체계를 일컫는 말이다. 긍정적 의미로는 선의 목적으로 사회를 돌보는 보호적 감시, 부정적 의미로는 음모론에 입각한 권력자들의 사회통제의 수단을 말한다.

소설 《1984》에서 빅 브라더는 텔레스크린을 통해 소설 속의 사회를 끊임없이 감시한다. 이는 사회 곳곳에, 심지어는 화장실에까지 설치되어 있어 실로 가공할 만한 사생활 침해를 보여준다. 그래서 사회적 환난을 예방한다는 차원에서 정당화될 수도 있는 이 빅 브라더는 사실 엄청난 사회적 단점을 가지고 있다고 지적한다.

그런데 중요한 사실은, 과거 빅 브라더의 실체는 매우 비현실적으로 보였으나, 소설 속의 그것과 흡사한 감시체제가 현대에 이르러 실제 사회에서도 실현되기 시작하였다며 과민하게 반응하는 이들이 있다는 것이다. 미국의 경우 국방부의 규모와 맞먹는 국토안보부가 설치되고, 이들의 감시행동을 법적으로 보호해 줄 애국법이 제정 · 발효된 사실을 두고 하는 말이다. 그러나 이러한 주장과 우려는 좀 지나치다는 생각이 든다.

CCTV의 장단점은 프라이버시 침해와 안전의 양면으로 설명될 수 있을 것 같다. 요즘 각종 범죄사고가 빈발하고, 이로 인해 시민들의 불안감이 커지자 CCTV설치 요구가 급증하고 있다. 이는 곧 자신의 프라이버시보다는 안전을 선택한 사람이 많아졌다는 해석이 가능하다.

그래서 CCTV설치의 불가피성을 주장하는 사람들은, 자신의 프라이버시가 다소 침해되더라도 안전을 대리 보호해 달라고 국가나 지자체에 자원한 것이라 해도 과언이 아니라고 말하고 있다.

자신의 프라이버시는 일반적으로 보호되어야 할 가치이지만 아파트나 거리, 상점의 CCTV는 잠재적으로 존재하는 위험을 예방하기 위해 사생활 침해를 달갑게 받아들인 결과 주어진 산물이라는 것이다.

따라서 CCTV는 예측 불가능한 잠재적 위기로부터 안전하기 위해 또는 안전감을 느끼기 위해서 항상적이고 현재적인 가치인 프라이버시의 희생은 불가피하다는 입장을 표명한다.

실제로 CCTV가 주거침입절도에 미치는 영향에 대한 연구들에서 사전 예방적, 사후 사건 해결적 측면에서 매우 유용하다는 결과가 많이 나왔다. 1993년 영국의 키노트Key Note 연구에 따르면, 범죄에 대한 공포가 사람들의 일상생활에 계속적으로 영향을 끼치고 있다고 한다. 즉 증가일로에 있는 범죄 발생의 직간접 효과가 대부분의 시민 생활에 커다란 영향을 미치고 있다는 것이다.

이러한 문제 해소를 위해 공공장소에서의 CCTV 감시체제는 가장 유용한 해결책으로 제시되고 있다. 이는 호네스Honess와 차만Charman의 공동연구에 의해서도 뒷받침되고 있다.

하지만 다른 어떠한 가치보다 프라이버시 보호를 중시하는 사람들도 있다. 누군가에게 보여지고 감시당하고 있다는 것이 자신의 신체적 또는 경제적 피해보다 더 큰 위협으로 여기는 사람들이 있다는 것을 간과해서는 안 될 것이다.

교각살우矯角殺牛라는 말이 있다. 범죄를 예방하려다가 그 방법이나 정도가 지나쳐 오히려 일을 그르치지 않도록 범죄 취약지에 CCTV 설치를 보강해 나가되, 영상정보 유출과 오 · 남용을 예방할 수 있는 기술개발, 그리고 영상정보의 생성 · 저장 · 제공에 대한 엄격한 관리체제 도입이 시급하다는 지적에 공감한다.

**〈텔레스크린〉이란?**

여러 가지가 있을 수 있겠네요, 1차적 생각으로 감시카메라가 있고, 좀 더 나가면 초정밀 인공위성이라거나, 서로의 정보를 엮어매는 핸드폰, 거의 모든 정보가 저장되어 있으나 해킹이 얼마든지 가능한 네트워크 등도 텔레스크린과 비슷한 개념. 관념적으로 생각하면 이웃들의 시선, 체면을 차리게 만드는 사람들의 시선이나 편견 또한 텔레스크린의 역할을 수행한다고 볼 수 있음.

# 사물의 이면과 본질의 통찰

사람들은 같은 사물을 보면서도 각자 다르게 반응하곤 한다. 동일한 사물임에도 그것을 인지하는 시각과 태도에 따라 서로 다른 의미로 지각하고, 바라보는 시선에 따라 선택적으로 해석하는 것이다. 이로 인해 개인의 다양성과 개성을 중시하는 다채로운 세상을 만들기도 하지만, 집단사회 내에서는 분열과 갈등으로 이어지기도 한다고 심리학자는 말한다.

와다 히데키(和田秀樹) 교수는 자신의 저서 〈5대 핵심능력으로 나를 리모델링하라〉에 이렇게 적고 있다. "21세기의 '능력 있는 비즈니스맨' 이란 '문제해결능력' 과 '비즈니스 사고력' 이 뛰어난 사람" 이라며, "인간의 사고패턴을 분류하는 방법에는 사물의 한쪽에만 눈을 돌려 하나의 정답만 생각하는 '단안사고' 와 사물의 다양한 측면을 인정하여 여러 가지 관점으로 사고하는 '복안사고' 가 있다." 고 말이다.

사물의 다양한 측면을 지각하지 못하고, 어떤 상황에서든 판에 박힌 단안사고로밖에 사물을 보지 못한다면 교만과 아집, 편견을 낳게 된다고 우려한다. '꼭 이래야 한다' 거나 '반드시 이렇다' 라는 편견에 바탕을 둔 신념은 독단과 독선이 되기 쉽다는 뜻으로 이해된다.

지각 심리학에서 자주 애용되는 그림 '루빈의 꽃병Rubin's vase' 이 이를 잘 설명하고 있다. 관점에 따라 전혀 다른 모습으로 보이는 유명한 착시 그림이다. 덴마크의 행태주의 심리학자 에드가 루빈이 고안한 이 그림은, 보기에 따라 꽃병으로 인식되기도 하고 마주 보는 두 사람의 모습으로 인식되기도 한다. 무엇을 형태로 보고 무엇을 배경으로 보느냐에 따라 결과가 달라진다는 것을 보여준다.

여기에서 주목할 점은, 사물은 그 존재 자체에서 다양한 측면을 지니고 있다는 사실이다. 그리고 그것을 지각하는 인간의 개성에 따라 인식의 다양성도 발생한다는 것을 깨닫게 한다.

같은 그림을 놓고 하얀 여백 부분을 지각한 사람은 멋진 꽃병이라고 주장하고, 검은 부분을 관심 구성물로 지각한 사람은 마주보고 있는 사람의 얼굴이라고 주장하게 되는 것이다. 이처럼 사람의 시선의 차이가 입장의 차이로 발전한다는 것이다. 그리고 두 영역 중 우리가 어떤 형태를 보고 인지하는 과정은 일종의 흑백논리에 따른 극단적 편가르기라는 것이 루빈의 주장이다.

우리의 삶도 마찬가지다. 비워둔 공간을 무언가로 채워야 한다고 생각하는 사람이 있고, 비워진 공간은 비워진 채로 두는 것도 좋다고 생각하는 사람도 있다. 차이도 극복해야 한다고 생각하는 사람들이 있는가 하면, 차이를 인정하고 공존하는 것이 바람직하다는 사람들도 있다.

뿐만이 아니다. 작금의 정치 · 경제 · 사회부문에 대한 사람들의 현상인식 태도를 보면 참으로 가관이다. 무엇이 옳고 그른지 혼돈의 세상에 사는 것 같다는 생각이 든다.

복지문제만 하더라도, '보편적' 이냐 '선별적' 이냐의 문제를 놓고 서로 옳다고 다투는 모습도 그렇고, 해양신도시 개발을 비롯한 지역개발사업과 제주도 강정마을 해군기지건설과 관련해서도 어느 것이 선善이냐를 놓고 논란하는 것도 그렇다. 외교적으로도 FTA문제 해법이 그러하고 대북정책에 대한 이견도 그렇다. 상황이 이러할진대 선량한 시민들은 오죽하랴 싶다.

물론, 서로 다른 사람들이 사는 세상에서 항상 만장일치의 의견이 나온다는 건 기대할 수 없는 일이다. 그런 일이 있어서도 안 될 것이다. 시각의 차이는 갈등도 만들지만 화해도 만들기 때문이다. 모자이크처럼 퍼즐처럼, 그리고 성글게 쌓은 돌담처럼 서로 다름을 존중하고 또 받아들이고 조화를 이룸으로써 더 아름답게 더 단단하게 균형을 잡을 수 있는 것이다. 하지만, 과거의 경험만으로 세상을 바라보거나 통섭되지 않은 인식은 편견을 낳을 수 있다. 그리고 이러한 편견은 나와 견해를 같이하는 사람들끼리만 어울리는 '칸막이주의'로 이어진다고 학자들은 말한다. 그리하여 내가 속한 집단의 이해가 다른 집단의 이해보다 중시돼야 한다는 사회적 본능이 생기고, 종국에는 다른 집단과 그 구성원을 경멸하는 '패거리주의'로 발전하고야 만다는 것이다.

"인간은 누구나 자신이 보기 원하는 방향으로 본다. 그렇지만 지각 있는 사람은 자신의 욕망보다 양보를 생각하고 다른 사람의 다른 시각을 존중한다."는 말이 있다. 루빈의 꽃병에서 보듯, 흑백 모두를 봐야 꽃병이든 사람 얼굴이든 볼 수 있다. 그리고 그것을 언제든 바꿔볼 수 있는 게 인간의 이성이다. 개인이나 사회의 지성과 문화가 한 단계 성숙되고 발전할 수 있도록 사회적 편향성을 얼마나 잘 극복하느냐가 우리 모두의 숙제이다. 자기 눈에 보이는 것만이 옳고 전부라고 주장하기보다 누가 더 사물의 이면과 본질을 잘 이해하고 통찰하고 있는지를 논의하면서, 주어진 사안에 대하여 어떻게 지각하는 것이 상대적으로 더 '정합적 진리'이자 참truth인지, 그리고 어떻게 목표를 추구하는 것이 더 합리적인지를 고민해야 할 것이다.

# 생각하는 대로 되고, 말하는 대로 된다

'OECD 국가 중 자살률 1위, 이혼율 1위, 고소 건수 일본의 160배, 이것이 불평공화국 대한민국의 현주소입니다' 라는 한 웹사이트 블로거blogger의 글이 충격적이다.

사람들은 때때로 뭔가 못마땅할 경우 불평하기를 일삼는다. 그래선지 몰라도 세상을 살아가면서 가장 자주하고 잘하는 일 중 하나가 바로 '불평' 이라고 우리 스스로 자조하곤 한다. 오죽하면 "사람은 울면서 태어나 불평하며 살다가 실망하며 죽는다."는 말이 있을 정도다.

하지만 모든 것에 다 만족하면서 살 수는 없다. 삶을 통해 보고 듣고 느끼면서 한순간이라도 마뜩잖게 여겨본 적이 없이, 마음속으로 불편을 느껴보지 않은 사람은 아마 없을 것이다. "인생은 부딪치면서 배우는 것"이라는 말이 있듯, 자신이 처한 환경이나 사회관계 속에서 서로 부대끼고 때때로 충돌하면서 불평하게 된다.

불평은 대부분 다른 사람들로부터 동정이나 인정 같은 특별한 대인 관계상의 반응을 얻어 내려는 심리를 동반한다고 한다. 남을 원망하고 한탄하며 불평을 털어놓는 속내는 자존감이 낮은 사람이 특별하게 인정받고 싶거나, 확신이 없어서 책임을 면하고 싶을 때 불평을 쏟아 낸다는 것이다.

문제는 매사에 만족스러워 하지 못하는 것이 습관화될 때, 불평 또한 습관이 된다는 데 있다. 다시 말해 '불평'이 불평할 일을 점점 더 많이 만들어 낸다는 것이다. 이는 곧 부정적인 결과를 가져오게 되어 결국은 행복하고 성공적인 삶으로부터 멀어지게 된다는 사실이다.

'생각하는 대로 되고, 말하는 대로 된다'는 격언처럼, 일이 잘 풀리지 않는다고 불평하면 점점 더 일이 풀리지 않고, 세상을 한탄하는 사람에게는 점점 더 안 좋은 일이 생기게 된다는 것이다. 이것이 바로 인간이 겪는 모든 불행의 뿌리에는 '불평'이 있다고 한 이유가 아닐까 싶다.

그렇다면 이런 악순환의 고리인 '불평'을 근절시킬 수 있는 방안은 없는 것일까? 미국 미주리 주 캔자스시티에서 '불평 없애기 운동'을 펼치고 있는 윌 보웬 목사의 이야기를 들어보면 실마리를 찾을 수 있을 듯하다.

그는, 얼마 전 KBS 1TV 〈책 읽는 밤〉 추천도서로 선정돼 독자들의 관심을 끌기도 했던, 《불평 없이 살아보기》라는 책에서 이렇게 썼다.

"기름 값이 비싸다고 불평하는 것은 자동차를 가진 덕분이고 교통체증에 화가 나는 것은 직장이 있는 덕분이다. 바라보는 눈이 바뀌면 세상이 달라 보이고, 세상이 달라 보이면 삶이 바뀐다. 불평이 줄어들면 줄어들수록 행복한 삶, 즐거운 삶을 누릴 수 있다. … 악순환에서 벗어나는 방법은 불평을 중단하고 긍정적인 일이 일어났을 때 감사의 마음을 표현하는 것이다. 사실 일상생활에서 감사할 일은 너무나 많이 있다. … 부정적이고 불행한 것들에 대해 말하면 당신은 부정적이고 불행한 것들을 끌어들이게 될 것이며, 당신이 감사하는 것들에 대해 말하면 당신은 보다 즐거운 것들을 당신에게 끌어올 수 있을 것이다. 당신은 당신이 생각하고 있는 것을 드러내는 습관적인 말투를 갖고 있다. 이것이 당신의 현실을 만들어 내는 것이다."라고.

그러면서 21일간 자신이 불평을 하고 있거나 누군가 험담 또는 비난하고 있다는 것을 깨달을 때마다 보라색 고무 밴드를 한쪽 손목에서 다른 쪽 손목으로 옮겨 차보라는 제안을 한다.

21일간이라는 기간을 제안한 것은, 하나의 습관을 없애는 데에는 그만큼의 시간이 필요하기 때문이라는데, 이렇게 하다 보면 자신이 얼마나 무의식으로 불평을 많이 하는지 발견하게 되고, 얼마나 자주 불평을 하는지 깨달음으로써 점차 불평하는 버릇이 없어진다고 역설한다.

로마의 철학자 키케로는 이렇게 말했다. "지혜란, 구해야 할 것과 피해야 할 것에 대한 지식이다."라고.

"'감사'가 행복해지는 연습이라면 '불평'은 불행해지는 연습이다. 감사하기로 작정한 사람의 삶은 풍요롭고 행복하다. 반대로 불평을 일삼는 사람의 인생은 피곤하고 불행하다. 결국 불평인생을 살 것인가 감사인생을 살 것인가는 우리의 선택에 달려 있다."는 어느 분의 글을 가슴 깊이 새겨본다.

# 성공의 비결은 '끝까지 하는 힘'

그리스 신화에 시지푸스Sisyphus라는 인물이 등장한다.

고대 코린트의 왕이었던 그는 잔꾀가 많은 사람으로, 인간으로서 필연적으로 겪어야 하는 죽음이란 종말을 거부하고 영생을 하고자 했다. 그래서 그를 잡으러 온 저승사자마저 깊숙한 곳에 가두어 버린다. 그 결과, 그는 신의 뜻을 거역한 죄로 높은 산꼭대기로 둥근 바위를 밀어 올리는 형벌을 받았던 것이다.

나락奈落의 세계에서 정상까지 큰 바위를 밀어 올리면 다시 굴러 떨어지고 다시 밀어 올리면 다시 떨어지고…. 힘들여 밀어올린 바위가 곧바로 다시 굴러떨어질 것임을 알면서도, 부질없는 노동이 영원히 계속될 것임을 알면서도 수백, 수천, 수만 번 바위를 밀어 올리며 포기하지 않고 노력하는 시지푸스. 그 처절한 슬픔과 분노 그리고 끝없는 절망을 맛보면서도 굴러떨어진 바위를 향해 다시 내려오는 순간이야말로 자신의 운명을 이기는 승리의 순간이라고 한 철학자는 평가한다.

이처럼 끝까지 하는 투지, 나를 바꾸는 아름다운 열정은 언제나 사람들을 감동시킨다.

언젠가 한 광고지를 통해 세계적인 발레리나 강수진의 발, 축구선수 박지성의 발, 피겨 퀸 김연아의 문드러진 발을 보는 순간 울컥하는 기분과 함께 감동이 밀려왔다. 나약하고 게으른 나에게 "너는 지금껏 손발이 부르틀 정도로 투지를 불태워 본 적이 있느냐?" 라고 묻는 것 같았다.

이순재, 강부자 같은 스타배우들 역시 긴 무명시절과 혹독한 시련을 겪었다고 한다. 그들이 오늘날 아름답게 피어난 꽃처럼 만개해서 많은 사람들로부터 큰 사랑을 받고 있는 비결은 피나는 땀과 노력과 열정, 그리고 '끝까지 하는 힘' 이었다고 한다.

실버세대 대표주자로 연기인생 제2의 전성기를 누리고 있는 탤런트 이순재 선생은 얼마 전 한 TV방송국에서 '55년간 연기 1인자 비법' 이라는 주제로 특강을 해 시청자들로 하여금 많은 감동을 자아냈다. 그는 1934년 10월 10일 함경북도 회령 출신으로 다섯 살 때 외할아버지와 같이 남대문시장에서 장사를 해본 경험도 있다며, 한국근대사 못지않은 버라이어티한 자기 소개를 시작으로 이야기를 이어갔다.

"연기는 소질이 있어서 하는 것 아니냐"는 사회자의 질문에 "그것은 빵꾸똥꾸 시절의 이야기"라며 "인물을 창조하는데 어떻게 소질갖고 가능하나, 부단히 노력하는 방법밖에는 없다."며 격동의 세월 속에서 누구보다 힘겹고 치열하게 청춘을 불태운 그 시절의 추억을 담담하게 풀어냈다. 그리고 배우의 필수요건은 작품의 이해력, 인생경험, 표현력이라며 이를 잘 발휘하려면 부단히 노력해야 한다고 강조하면서 "부족함을 채울 수 있는 건 노력과 성실"이라고 힘주어 말했다. 그는 또, 지금까지도 팬들로부터 잊히지 않고 완숙하게 연기를 펼칠 수 있는 것은 한 번 목표를 정하면 끊임없이 노력하고 열정을 다해 끝까지 최선을 다한 덕분이라며 "최정상에 있다가 가장 밑바닥까지 떨어졌을 땐 다시 올라갈 수 있을 것이라는 믿음으로 포기하지 않았다."고 회고했다. 결국, 그 결과 오늘의 그가 있게 되었다는 것이다.

그러면서 그는 세상에는 '자기가 잘할 수 있는 일'과 '좋아하는 일' 이 있는데, 자기가 잘할 수 있는 일은 직업이 되고 자기가 좋아하는 일은 취미가 되는 것이라며, 잘할 수 있는 일은 최고가 되도록 노력하고 좋은 취미도 많이 가지라고 당부한다.

일찍이 괴테는 "이 세상에서 가장 중요한 것은 내가 어디에 서 있느냐가 아니라 어느 방향으로 가고 있느냐이다."라고 하였다.

성공 노하우를 전수한 어느 유명한 컨설턴트도 이런 말을 한다. "99%의 사람들은 현재를 보면서 미래가 어떻게 될지를 예측하고, 1%의 사람만이 미래를 내다보면서 지금 현재를 어떻게 행동해야 될지를 결정한다. 물론 그 1%에 속하는 사람들만이 마침내 성공을 한다."고 갈파하고 있다. 보다 더 나은 미래를 설계하고 성공적인 삶을 꿈꾸며 하루하루 노력하는 삶보다 더 소중한 것은 없을 것이다.

하지만 꿈은 결코 쉽게 자리를 내주지 않는다. 끝까지 사람을 테스트하고 벼랑 끝으로 내몬다. 꿈을 이룬 사람들은 벼랑 끝에서 살아남은 사람들이다. 그들은 흔들리지 않으며, 잡다하고 불필요한 생각을 하지 않고, 시간 앞에서 굴복하지 않는다. 오직 한 번 정한 꿈을 목표로 끊임없이 인내하고 최선을 다한다.

한 번 목표를 정하면, 바꾸지 않고 끝까지 하는 힘. 그것이 바로 그들의 성공의 비결인 것이다. 운동선수의 문드러지고 기형적으로 변한 발, 열정을 다해 노력하는 연예인의 눈부신 연기력이 그것을 증명하고 있다. 세상에 우연한 기적은 결코 없다.

# 세상에서 제일 나쁜 버릇

《다산선생 지식경영법》 등의 저서로 유명한 정민 한양대 교수가 최근 고전에 나온 구절들을 주제로 혼탁한 세태를 일갈하는 책, '일침'을 펴내 독자들의 뜨거운 반응을 얻고 있다.

우리들 내면의 웅숭깊은 성찰, 현실에 대한 날카로운 비판의식을 일깨워 주는 이 책은, 그야말로 차고술금借古述今(옛것을 빌어 지금에 대해 말)의 일침으로 새길수록 자기를 되돌아보게 하고, 진실과 진리를 확인토록 해준다고 독자들은 입을 모은다.

특히, 연암 박지원이 《공작관문고자서孔雀館文稿自序》에 적은 이야기를 풀어 쓴 '귀울음과 코골기, 어느 것이 문제일까?' 라는 대목에는 우리네 삿된 마음을 돌이켜 살피게 하는 이런 구절이 나온다.

귀에 물이 들어간 아이에게 이명현상이 생겼다. 귀에서 자꾸 소리가 들린다. 아이는 신기해서 제 동무더러 귀를 맞대고 그 소리를 들어보라고 한다. 아무 소리도 안 들린다고 하자 아이는 남이 알아주지 않는 것에 안타까워했다. 시골 주막에는 한방에 여럿이 함께 자는 수가 많다. 한 사람이 코를 심하게 골아 다른 사람이 잘 수가 없었다. 견디다 못해 그를 흔들어 깨웠다. 그가 벌떡 일어나더니 내가 언제 코를 골았느냐며 불끈 성을 냈다.

연암은 한 걸음 더 나아가 이렇게 말한다. 상대방에 대한 이해와 배려, 공감의 부족이 인간관계 형성에 얼마나 중요한 영향을 미치는지를 깨우쳐 주는 대목이다.

이명은 저는 듣고 남은 못 듣는다. 코골기는 남은 듣지만 나는 못 듣는다. 분명히 있는데 한쪽은 모른다. 나에게 있는 것을 남들이 알아주지 않거나, 남들은 다 아는데 저만 몰라 문제다. 공부도 마찬가지다. 별것 아닌 제 것만 대단한 줄 안다. 이명증에 걸린 꼬마다. 남 잘한 것은 못 보고 제 잘못은 질끈 눈감는다. 언제 코를 골았느냐고

귀울음 증세를 갖고 있는 아이와 코골기 증세가 심한 시골 사람의 이 이야기는 우리의 비리한 아둔함을 화들짝 일깨워준다. 오만과 독선, 무지한 이들에게 따끔한 충고와 교훈을 주고 있는 것이다.

세상에서 제일 나쁜 버릇은 자기 것만 대단한 줄 알아서 남이 잘하는 걸 보고도 칭찬하지 못하고, 쉽게 남을 헐뜯는 버릇이라고 한다. 제 것만 중요하게 여기고 남을 배려할 줄 모르는 사람은 남들이 잘하는 것은 보지 못한다고 한다. 그래서 칭찬에 인색하고 남의 험담을 곧잘 한다는 것이다. 남을 헐뜯는 사람의 본심을 가만히 들여다보면 나는 그 사람의 흠을 알아볼 만큼 '잘났다' 라는 마음이 들어 있다고 한다.

그래서 연암은 이 책에서 이렇게 결론 맺는다. "득실재아 훼예재인得失在我, 毁譽在人(얻고 잃음은 나에게 달려 있고 기리고 헐뜯음은 남에게 달려 있다)"이라고.

이 말은 곧, 나에게 향한 것이 칭찬이냐 비방이냐는 남에게 달려 있고, 그것으로 인해서 무엇을 얻고 무엇을 잃을지는 나에게 달려 있는 것이니, 칭찬이든 비방이든 거기에 휘둘리면 잃는 일만 남는다는 뜻으로 이해된다.

데일 카네기는 "친구를 얻게 되고, 이쪽의 생각에 따라오게 하는 가장 확실한 방법은 상대의 의견을 충분히 받아들이고, 상대방의

나에게 향한 것이 칭찬이냐 비방이냐는 남에게 달려 있고,
그것으로 인해서 무엇을 얻고 무엇을 잃을지는 나에게 달려 있는 것이니,
칭찬이든 비방이든 거기에 휘둘리면 잃는 일만 남는다

자존심을 만족시켜주는 일이다."라고 말했다. 또 미래학자 존 나이스비트 역시 "미래경영의 초점은 각 조직의 구성원과 외부 조직 간의 효율적인 소통에 있다."고 말했다.

최근 우리 사회 환경이 복잡다기화되면서 다양한 인적구성, 가치관의 증대로 인해 소통의 중요성이 강조되고 있다. 문제의 발견과 창의적 해결, 그리고 지역공동체 발전을 위해서는 상대방을 배려하고 존중하면서 신뢰와 소통을 통해 상호 공감대를 넓혀 나가는 노력이 무엇보다 중요하다는 사실을 새삼 깨닫는다.

# 영혼의 교감

언젠가 한 모임에서 어떤 이가 우스개를 던져 좌중을 웃겼다. 진지한 분위기를 누그러뜨리려는 듯 뜻밖의 질문을 했다. '5-3=2'와 '2+2=4'가 무슨 뜻인지 아느냐는 것이다.

모두들 대답을 머뭇거리자, '5-3=2'란 어떠한 오해(5)라도 세 번(3)을 생각하면 이해(2)할 수 있게 된다는 뜻이고 '2+2=4'란 이해(2)와 이해(2)가 모일 때 사랑(4)이 된다는 뜻이란다.

우리는 살아가면서 다른 사람을 오해할 때가 있고 오해를 받기도 한다. 또 사소한 일로 서로와 서로를 가로막고 때때로 너와 나 사이에 가로놓인 벽 앞에 타인이 되곤 한다.

동감과 이해는 그 마음 아래에 서 있을 때 진심으로 할 수 있는 것이다. 그래서 '이해'를 뜻하는 'understand'를 '밑에 서다'로 해석하는 이도 있다. 그 사람 입장에 서서 생각하고 바라보는 것이 바로 '이해'라는 것이다. 따라서 사랑과 신뢰, 그리고 '나는 너를 진심으로 이해한다'는 영혼의 교감이 이뤄져야 진정하게 양해할 수 있게 된다는 것이다.

이와 관련하여, 상처 입은 영혼을 서로 어루만지며 마음의 빗장을 푸는 과정이 우리에게 감동으로 다가오는 영화 한 편이 있다. 바로 〈호스 위스퍼러THE HORSE WHISPERER〉이다. 말〔馬〕이 중요한 배역으로 등장하지만 이 영화에서 진정으로 치유되는 것은 말이 아니라 사람이다.

주인공 애니는 뉴욕의 여성잡지사인 '커버'지의 잘나가는 편집장이다. 일과 성공을 위해 정신없이 달리기만 했던 그녀는 남편과의 사이도 소원하고 딸 그레이스와도 바쁜 탓에 소통 없이 지내 데면데면한 사이다.

어느 겨울의 고요한 새벽, 승마를 하러 나간 딸 그레이스가 비탈진 언덕을 내려오다가 낙마를 당하는 사고를 입는다. 그레이스의 애마 '필그림'은 아이를 지키겠다는 듯 때마침 달려오는 대형 트레일러를 몸으로 막다가 중상을 입는다. 이 사고로 그레이스는 한쪽 다리가 절단된다.

그레이스와 필그림의 사이에 생명의 교감이 존재함을 깨달은 애니는 처참하게 중상을 당한 필그림을 안락사시키자는 주변의 간곡한 권유에도 불구하고 그레이스와 필그림을 데리고 말을 치유해주는 '호스 위스퍼러'가 있는 몬태나로 떠난다. '호스 위스퍼러'란 사나워진 말에게 부드러운 속삭임을 들려주어 치유하는 조마사調馬師를 일컫는다.

회사 일까지 마다하고 장도에 올라야 했던 어머니의 심정을 이해하지 못하는, 아니 이해하고 싶어 하지 않는 그레이스는 모든 일을 독선적으로 판단하고 처리하는 어머니와 사사건건 갈등과 마찰을 빚는다.

조마사인 톰 부커는 필그림의 상태가 너무 비극적이어서 치유를 사양했으나, 말의 주인인 그레이스에게서 필그림을 살리길 희망하는 진실한 의지를 발견하곤 도와주기로 결심한다. 그리고 말이 치유될 때까지 당분간 함께 지내자는 제의를 받고 그들과 가족처럼 지내게 된다.

고요하고 광활하고 모든 것이 여유 있고 넉넉하기만 한 몬태나의 대초원에서의 시간은 그들 모녀에게 새로운 경이감을 주었다. 자신의 입신양면을 위해 앞만 보고 달려왔던 애니, 다리 절단의 깊은 상처를 지닌 그레이스, 생명을 잃을 뻔한 공포와 상처로 인해 극도로 신경이 고갈된 필그림, 이 셋은 대초원에서 톰 부커와의 교감을 통해 서서히 상처가 치유되고 있었다.

그러는 가운데 지적이며 현명한 애니와 부드럽고 따뜻한 톰 부커와의 사이에는 영혼의 교감이 이루어지면서 점차 사랑이 싹트기 시작한다. 필그림의 상태가 호전되면서 그레이스도 생기를 되찾아 자연스럽게 생겨난 감사함과 톰 부커에 대한 신비로움이 애정으로 발전하기 시작했던 것이다.

사랑이란 아름다운 오해로 시작해서 참담한 이해에 이르는 과정이라고 한다. 그 참담한 이해를 통해 마침내 지혜로움과 평화에 이르게 된다는 것을 이 영화는 시사하고 있다. 또한, 정작 세상을 살맛나게 해주는 것은 사람과 사람 사이의 무장해제라는 점과 밀접하고 인격적인 '관계맺기' 임을 속삭이고 있다.

작가 이성무도 이런 이야기를 한 적이 있다. "엄청나게 멀어 보이는 다른 사람의 방은 사실은 벽을 헐면 한 발도 되지 않는 곳에 있는 것이다. 방은 단지 벽의 이쪽과 저쪽일 뿐이다."라고.

우리는 서로 마음과 마음 사이의 거리를 서울과 평양만큼이나 멀게 느끼고 반목하며 살고 있지는 않는지, 마음의 벽을 두껍고 높게 쌓아 올려놓지는 않았는지 생각해 볼 일이다. 부지런히 발자국을 내며 다니면 그것이 바로 길이 되는 것처럼 내 마음이 한 사람의 마음 사이를 부지런히 다니면 상대방과 나를 이어주는 '마음의 길' 이 되는 것이리라.

창문을 열어두기 좋은 계절, 문을 열고 나서기에도 좋은 봄날이다. 우리 마음이 다른 사람에게로 부지런히 다니면서 사람 사는 냄새가 물씬 풍기는 '사랑의 미로' 를 닦아보자.

# 우리네 가슴에 '다정한 에너지'를 가득 채우자

어언간 공직생활 30년을 훌쩍 넘겼다. 돌이켜 보니 그간 이 부서 저 부서, 이 자리 저 자리 옮겨 다니면서 참 많은 경험을 쌓았고, 여러 사람과 인연도 맺었다. 인사발령장이라는 종이 한 장으로 가라면 가고, 오라면 오고 하는 일을 수없이 겪으면서 새로운 부서와 환경에 적응해야 했고 생소한 업무에 정열을 쏟아부으면서 지금까지 많은 동료들과 부대끼며 살아왔다.

이번 인사에서도 정들었던 많은 동료들이 우리 곁을 떠났다. 자리를 이동한 동료들은 떠난 자리를 뒤돌아보며 아쉬워하고, 떠나보낸 이들도 사랑하는 동료들이 들고 난 자리를 살펴보면서 허전한 마음이라도 달래보려는 듯 추억에 잠겼다. 다정한 에너지로 가득한 이 마음을 오래도록 기억하는 사람이 좀 더 행복한 나날을 보내리라.

신경숙 작가의 단편소설 〈세상 끝의 신발〉은 사랑이나 친근감을 느끼는 마음을 신발에 관한 얘기로 풀어낸다. 언제든 벗어주고 비워주는, 또 사랑하는 이의 빈 신발에 가만 발을 넣어보며 따스해하는 작고 낮은 사람들의 얘기다.

신발을 모티브로 시작되는 이 이야기는 책을 펴드는 순간 그 속에 빠져들어 가슴 아픈 한 편의 영화를 보게 된다.

이야기 줄거리는 이렇다. 순옥 언니는 주인공이 어린 시절에 무척 따랐던 아버지 친구의 딸이었다. 얼마나 좋아했던지 웃을 때 볼이 오목하게 들어가는 순옥 언니의 보조개가 좋아서 거울 앞에서 머리 핀으로 뺨을 눌러보기도 했다. 좋아하면 닮아서라도 공통점을 갖고 싶은 법이니까 그럴 만하다 싶다.

그렇게나 주인공이 순옥 언니를 좋아했던 이유는 다정한 사람이었기 때문이었다. 그녀가 순옥 언니를 좋아하게 된 사연을 들어보면, "순옥 언니는 내 장갑이나 스웨터에 일어난 보풀이나 밥 먹다가 떨어뜨린 밥풀때기 같은 것을 떼어내 주기도 했고, 어깨에 치렁하게 내려와 있는 머리를 가지른하게 빗겨서 뒤로 묶어주기도 했다.

내가 텃밭에서 솔을 뜯고 있거나 감자를 캐고 있으면 함께 엎드려 뜯어주거나 캐주었고, 도랑에 나란히 앉아 흙 묻은 손을 닦을 때면 내 손을 끌어다가 비누칠을 싹싹 해서 닦아주기도 했다. 겨울날 찬 바람에 손이 부르터 있는 것 같으면 순옥 언니가 바르고 다니던 손 크림을 꺼내 내 손등에 바르고 스밀 때까지 쓱쓱 문질러주기도 했다. 함께 잠을 잘 때면 이불을 당겨 내 가슴을 덮어 주었던 기억도 난다."

그토록 다정했던 사람은 오래도록 잊지 못하는 것이 인지상정이다. 장갑이나 스웨터나 손 크림을 사준 것도 아니다. 그저 붙어 있는 보풀이나 밥풀때기 같은 것을 떼 줬을 뿐이고, 감자도 대신 캐준 것도 아니고 옆에서 나란히 거들어 줬을 뿐이다. 그래도 오래도록 잊지 못하는 것은 나에게 와서 머물렀던 따뜻한 눈길과 섬세한 손길과 순수한 마음 때문일 것이다.

세월이 흘러 순옥 언니는 일자리를 찾아 멀리 떠났고 오랜만에 돌아왔을 때 주인공은 순옥 언니의 부츠를 눈밭 속에 감추어 버린다. 신발이 없으면 언니가 돌아가지 못할 줄 알았던 것이다. 하지만 순옥 언니는 어머니의 낡은 털신을 신고 돌아가고 숨겨두었던 부츠만 남아버린다. 그 후 주인공은 봄날에도 여름날에도 부츠를 꺼내서 그 속에 가만히 발을 넣어보곤 한다. 처음에는 그냥 그래보았던 것이 나중엔 마음이 슬프거나 고독해지면 순옥 언니의 부츠를 끌어내려 그 속에 발을 넣어보곤 했다. 그러면 순옥 언니의 다정한 손길이

내 등을 다독여 주는 듯했다.

그렇게 저마다 다정했던 손길을 떠올리면서 우리는 정을 그리워한다. 세상에는 정을 그리워하는 사람이 천지다. 겉으로는 멀쩡해도 속으로는 사무치게 오늘도….

# 우리 지역의 문화유산에 멋진 이야기 옷을 입혀보자

사람은 원래 끊임없이 다른 사람, 다른 시대, 다른 삶과 연결되려는 본능을 갖고 있다고 한다. 그 성향이 가장 두드러지게 발휘되는 순간이 바로 '여행' 이라는 것이다.

쇼팽의 심장이 묻힌 폴란드 그단스크의 '성 십자가 성당', 괴테, 헤겔, 하이데거 등이 거닐며 산책했다는 독일 하이델베르크의 '철학자의 길', 영화 〈로마의 휴일〉에서 오드리 헵번과 그레고리 펙이 열연했던 이태리 로마의 '스페인광장 계단', 유년시절 가슴 한 켠이

싸해지고 주변이 훈훈해지는 듯한 감동을 안겨준, 루시 모드 몽고메리의 명작 소설 속에 등장하는 캐나다 프린스 에드워드 아일랜드의 '빨간 머리 앤의 집green gables house', 노벨평화상을 수상하는 장소로 널리 알려진 노르웨이의 '오슬로 시청', 양귀비와 현종의 사랑이 깃든 중국 시안西安의 여름궁전 '화칭지華淸池', 기욤 아폴리네르가 지나간 사랑 마리 로랑생을 추억하여 시를 지었던 프랑스 파리의 '미라보 다리', 무차별적인 유태인 학살을 사실적이고 냉혹하게 그리고 있는 영화 〈쉰들러 리스트〉의 마지막 장면을 떠올리게 하는 폴란드 '아우슈비츠 수용소', 한국의 심장 황영조 선수가 바르셀로나 올림픽 마라톤 경기에서 막판 스퍼트를 해 금메달을 땄던 스페인 바르셀로나의 '몬주익 언덕', 청마 유치환 선생이 이영도 선생과 열정을 나누며 숱한 흠모의 시와 편지를 써 보냈던 '통영 중앙우체국'….

사람들은 이런 이야기가 있는 풍경을 찾아가곤 한다. 시대가 다르고 생활도 다르지만 잠시 그곳에서 한 시절 한 장면을 경험하는 순간은 잊지 못할 여행의 추억이 되곤 한다.

사람들이 영화나 소설 속 현장과 테마가 있는 곳으로 가보고 싶은 것은, 아마도 겉만 보는 관광보다 속을 느끼는 여행을 하고 싶기 때문일 것이다. 그리고 헤겔, 야스퍼스, 하이데거 등 유수한 철학자들이 사색과 작품구상을 위해 자주 찾았던 산책로를 거닐며 그들이 쉬었던 벤치에 앉아 묵상을 즐긴다고 해서 그 심오한 철학의 세계를 쉬 이해할 수 있는 건 아니지만, 유명 작가의 행적을 따르며 그들의 혼을 느껴보는 여정을 통해 그 순간 시대를 뛰어넘는 어떤 접촉을 이룰 수 있기 때문이리라.

이와 같이 어떤 브랜드에 대하여 그와 관련된 인물이나 배경 등 소비자들이 관심을 가질 수 있는 휴먼스토리를 콘텐츠화하여 고객에게 다가가는 감성지향적 마케팅을 스토리텔링 마케팅Storytelling Marketing의 성공이라고 말하고 있다.

독일 출신 이참 한국관광공사 사장은 얼마 전 문화체육관광부에서 열린 기자회견에서 "우리나라 관광의 가장 큰 문제점은 스스로 우리의 관광자원의 가치를 느끼지 못하는 부분"이라며 "우리 역사와 문화의 깊은 내용을 느끼게 하면 더 큰 부가가치를 만들어낼 수 있다"고 지적했다.

그는 또 "한국의 전통은 모두 문화상품화할 수 있지만 현재 스토리텔링이 부족하다."면서 독일의 일례를 소개했다. "로렐라이 언덕은 실제 가보면 별 게 없지만 소설작품을 관광상품으로 연결해 큰 인기를 끌고 있는 점을 배워야 한다."고 강조했다.

그리고 외국의 관광자원을 보면 아주 작은 것도 국민들이 귀하게 생각한다며 "하이델베르크에 있는 수백 년 된 호텔에는 '대문호 괴테가 이탈리아 가는 길에 예약했다가 취소한 곳' 이라는 안내문구가 붙어 있다. 그런 작은 것도 돋보이게 전시를 해 놨다."고 소개했다. 결론적으로 스토리가 부가가치를 만들어 낼 수 있다는 그의 생각은 마산은 예향이라고 불릴 만큼 다양한 유·무형의 문화적 원형과 풍부한 콘텐츠를 보유하고 있는 유서 깊은 고장이다. 그럼에도 불구하고 스토리가 부족하다는 지적을 늘 받아왔다.

굳건했다.

마산은 예향이라고 불릴 만큼 다양한 유·무형의 문화적 원형과 풍부한 콘텐츠를 보유하고 있는 유서 깊은 고장이다. 그럼에도 불구하고 스토리가 부족하다는 지적을 늘 받아왔다.

가만히 생각해보면, 우리 마산에도 스토리 즉, 이야기 옷을 잘만 입히면 외국의 유명 관광지 못지않은 관광상품이 될 브랜드가 얼마든지 많다. 그중 하나가 바로 가포고개에 '산장의 노래비'를 설치하는 것이다.

노랫속에 등장하는 '산장'(국립마산병원 요양병동)은 마산합포구 가포동의 옛 가포해수욕장 부근 언덕에 자리 잡고 있다. 따뜻한 기후, 맑은 공기, 깨끗한 물, 울창한 숲이 있는 이곳에서 조금 떨어진 곳에는 카페와 찻집, 레스토랑이 즐비해 연인들의 발길이 끊이지 않는다.

반야월 선생의 회고록《나의 삶, 나의 노래》을 보면, 그가 '산장의 여인' 노래가사를 작성한 배경에는 한 여인의 가슴 아픈 사연이 담겨 있다. 마산 가포동에 있는 국립마산결핵요양소로 위문공연을 가게 된 반야월. 진방남이란 예명으로 활동했던 그는 요양소의 환자와 의사, 직원들 앞에서 자신의 대표곡인 〈불효자는 웁니다〉를 열창하고 있었다.

무대에서 열심히 노래를 부르던 그의 눈길이 어느 순간 관중석 맨 뒤쪽에서 멈췄다. 아름다운 얼굴에 창백한 그림자를 드리운 젊은 여인이 노래를 들으면서 흐느끼고 있었던 것이다.

공연을 마치고 반야월 선생은 요양소 직원에게 그 여인이 울고 있었던 이유를 물었다. 그의 짐작대로 여인은 사랑에 상처를 입고 결핵에 걸려 소나무 숲 우거진 산장병동에 요양 중이었다. 폐결핵을 다른 사람에게 옮기지 않도록 격리치료를 받고 있다는 것이었다.

이 얘기를 들은 반야월은 바로 노랫말을 만들어 폐결핵을 앓고 있던 이재호 작곡가에게 곡을 붙여달라고 요청했다. 가사를 받은 이재호는 동병상련의 마음으로 곡을 완성했다. 이렇게 만들어진 악보가 가수 권혜경에게 전해졌고, 지금도 우리네 심금을 울리는 노래가 바로 '산장의 여인' 이라는 것이다.

얼마 전, 이광석 시인과 송인식 동서화랑 관장 등 마산의 문화예술 거장들이 '마산문예부흥운동제창' 의 기치를 내걸고 '마산의 결핵문학의 산실 〈새너토리엄〉을 아십니까' 라는 제목으로 심포지엄을 열고 사라진 마산지역의 문화활동 무대 재현을 통한 문예활성화를 표방했다.

이처럼 문화예술인들을 비롯한 뜻있는 분들의 관심이 집중되고 있는 그곳에 시민의 뜻을 모아 '산장의 노래비' 를 설치하고 이야기 옷을 잘 입힌다면 우리 지역을 찾는 관광객들에게 가슴 뭉클한 감성을 일깨우고, 잊고 있던 추억을 되찾아 주는 아름다운 선물이 되지 않을까 생각해 본다.

# 주름살 펴고 살려면

법정 스님은 그의 생애 마지막 작품 〈아름다운 마무리〉 중에 이런 말을 남겼다.

"자신의 꿈과 이상을 저버릴 때 늙는다. 세월은 우리 얼굴에 주름살을 남기지만 우리가 일에 대한 흥미를 잃을 때는 영혼이 주름지게 된다. 그 누구를 물을 것 없이 탐구하는 노력을 쉬게 되면 인생이 녹슨다."라고.

굴곡 없는 인생이란 있을 수 없어서, 사람으로 태어나 누구라도 주름을 피할 수는 없는 노릇이다. 돌이켜보면, 하나하나의 굴곡이 때로는 우리를 키우는 성장통成長痛 바로 그것이었다. 하여, 나이가 들어가면서 얼굴에도 목에도 생기는 주름은 우리네 인생의 나이테라는 것이다.

김훈 작가가 쓴《자전거 여행》에도 이런 글이 나온다. "대나무는 죽순이 나와서 50일 안에 다 자라버린다. 더 이상은 자라지 않고 두꺼워지지도 않고 다만 단단해진다. 대나무는 그 인고의 세월을 기록하지 않고, 아무런 흔적을 남기지 않는다. 대나무는 나이테가 없다. 나이테가 있어야 할 자리가 비어 있다."며 대나무의 삶은 두꺼워지는 삶이 아니고 단단해지는 삶이라고 작가는 말하고 있지만 이 말 속에서 우리는 삶의 알레고리를 읽을 수 있다.

두꺼워지는 대신 단단해지는 길을 택했기 때문에, 그리고 속을 비우면서 알차게 매듭을 지으며 살기 때문에 대나무에는 주름이 없듯이 대나무처럼 단단한 사람에게는 주름이 없다고 말하고 있는 것이다. 하지만, 지워버리고 싶은 삶의 자국들이야 어쩔 수 없다고 하더라도, 마음과 정신에 구깃구깃 잡힌 주름만큼은 다림질을 하듯 반듯하게 펴고 살고 싶은 것이 인지상정이 아니던가.

활기차고 행복한 노후생활을 통해 삶의 활력을 되찾고, 편견에 사로잡힌 인생을 박차고 나선 한 어르신을 소재로 쓴 어느 분의 수필은 단순한 화제를 넘어 잔잔한 감동으로 다가왔다. 이 이야기는 황혼시대를 아름답게 엮어가는 것이 삶을 얼마나 풍성하게 해 주는지를 잘 보여주고 있다.

어느 날, 1인 1책 교실에 미소가 소년처럼 맑고 순박한 팔순을 넘긴 어른이 나오셨더란다. 당신 소개를 하시는 끝에 "저는 지금 여자 친구가 있습니다. 그 여자 친구분도 팔순입니다. 우리가 언제 어떻게 될지 모르지만 저는 지금 무척 행복합니다. 사는 날까지 서로 의지하며 좋은 친구가 되기로 했습니다."라고 말씀하시는 얼굴이 첫사랑을 고백하는 소년처럼 수줍어했다는 것이다.

이 광경을 지켜보고 있던 사람들 모두 박수치며 웃었지만 가슴이 뭉클했다고 한다. 아무런 희망이 없어 보이는 노인들의 생활에 이보다 더 좋은 활력이 있을까 싶었다는 것이다. 이에 작가는 "사람들은 얼굴에 주름살을 펴기 위해 보톡스를 맞지만, 사랑을 하는 일은 마음에 주름살을 펴는 보톡스다."라며 말을 맺었다.

나이 든 여자에게 필요한 다섯 가지는 돈, 건강, 딸, 친구, 강아지인 반면 은퇴한 남자에게 필요한 다섯 가지는 여자, 와이프, 처, 마누라, 안사람이란 우스개가 있다.

나중에 자식들 다 떠나고 난 빈 둥지에서 영감 할멈이 서로 눈치를 보면서 졸졸 따라다니는 천덕꾸러기, 애물단지가 되지 않으려면 된장에 풋고추처럼 궁합을 맞추면서 잘 지내야 한다는 충고가 채찍보다 더 따끔하게 들린다.

부부에 대한 관심, 그리고 사랑을 실천하는 일이란 아주 사소한 일상인, 밥을 같이 먹고 영화를 함께 보고 노을 지는 들녘을 손잡고 걷고 하는 별것 아니지만 '함께하는' 것이라고 하니 그다지 힘들거나 어려운 일이 아니라는 생각이 든다.

여기에 더해, 세월이 갈수록 마음속에 구깃구깃 생기는 주름살을 짝 펴고 살려면 부부가 서로 의지하며 관심을 갖는 일도 중요하지만, 무엇보다 '일'과 '휴식'을 구분하여 매듭을 지으면서 지혜롭게 생활하는 습관을 가져야 하지 않을까 생각한다.

어느 '여가학자'가 이르기를, "휴식에 대한 철학이 분명해야 성공한다"며 "유대인이 위대한 이유는 머리가 좋아서가 아니라 노동과 휴식에 대한 철학이 분명하기 때문"이라고 한다. 그리곤 "가느다란 대나무가 태풍에도 쓰러지지 않고 높이 자라는 것은 '마디'가 있기 때문"이라며 "인생에서 마디 역할을 하는 것이 곧 '휴식'이라고 말한다.

오늘은 주말이다. 한 주일을 매듭짓고 미래를 준비하자. 내면의 땅을 개간해 사랑을 경작하는 일에도 게을리하지 말자. 이런 의미를 담아 퇴근 무렵 가족에게 문자 한 번 넣어보면 어떨까?

"오늘 저녁에 시간 있어요? *^^*"

# 통섭적인 마인드로 무장하자

시대마다 경영전략으로 삼은 화두가 등장한다.

디지털 마케팅 전성시대에는 '벤치마킹' 이니 '블루오션' 이니 하는 말들이 유행하다가 얼마 전에는 '소통' 이라는 용어가 유행했다. 요즘 인문학계와 이론과학계의 최고의 화두는 '융복합' '통섭' 이다. 사람들이 '융합' '복합' '통섭' 을 같은 의미로 뭉뚱그려 사용하는 경우가 많다. 그러나 용어마다 그 뜻은 사뭇 다르다.

'융합' 은 '하나 이상의 것이 녹아서 하나가 되는 것' 을 말한다. '녹아서' 라는 말에서 알 수 있듯이 이것은 화학적 합침이다. 영어로는 퓨전fusion 또는 컨버전스convergence로 번역된다. 반면에 '통합

complex' 은 이질적인 요소들을 물리적으로 그냥 묶는 것이다. 예를 들어, 여러 나라의 군대를 하나의 사령부 아래 묶어 연합군 또는 통합군을 만들어 전력을 증강하는 것 등을 일컫는데, 병사들 간의 완벽한 소통을 기대하기 어려운, 이러한 결합을 의미한다. 다시 말해 물리적으로 묶어는 놨지만 각 개체의 특성과 성질은 그대로 존재하고 있는 결합이 '통합' 이라는 것이다.

또한 '통섭統攝' 은 용어 자체가 귀에 낯선 것처럼 생경한 단어다. 이 말은 미국의 생물학자 에드워드 오스본 윌슨Edward O. Wilson 교수의 책 《Consilience》을 이화여대 최재천 교수가 '통섭' 이라고 번역함으로써 우리에게 선을 보였다. 정리하자면 '통섭' 은 '융복합' 즉, 화학적 · 물리적 결합을 넘어 그것에서 새로운 것이 창조되는 생물학적 합침으로 정의된다. 예를 들면 음악, 미술, 공학이 합쳐 '미디어아트공학' 이 된다든가, 심리학과 경제학이 만나 '행동경제학' 같은 새로운 학문을 만들어내는 현상을 말한다. 즉 '통섭' 이 다른 용어와 차이 나는 결정적인 요소는 '새로운 탄생', 창조에 있다는 것이다.

이렇듯 에드워드 윌슨의 이론에서 출발한 이 개념은 최근에 와서 '학문간의 통합연구' 의 의미를 넘어섰다. 이제 새 시대의 지식창조를 위한 획기적인 패러다임 수준으로 받아들여지고 있으며, 소통과 화합이란 의미로 생활 전반에서까지 쓰이고 있다. 그래서 식자들은 현재를 가리켜 '융복합 시대' '통섭의 시대' 라고 한다. 또 사회 전반에 걸쳐 그런 흐름이 시도되고 있다. 심지어 '통섭경영' '통섭조직' 이라는 말까지 등장시키고 있다.

앞으로는 가정의 자녀교육에서는 말할 것도 없고, 행정의 시스템 역시 이러한 융합적 마인드와 통섭적 사고로 무장될 때, 현재보다 더 나은 경쟁력을 갖게 될 것이라고 전문가들은 제언하고 있다. 따라서 미래의 비즈니스 환경에 적합한 '통섭' 형 인재를 양성하기 위한 구체적인 방안을 마련해야 한다는 것이다.

통섭형 인재는 '통섭' 이라는 용어에서 알 수 있듯이 인문과 자연과학 등, 2개 이상의 학문 분야를 넘나드는 인재를 말한다. 대표적인 인물로 레오나르도 다빈치를 꼽는다. 그는 잘 알다시피 예술과 과학 등 상호 관련성이 적다고 보이는 분야의 지식들을 모두 통합해 새로운 것을 창조해낸 대표적인 인물이기 때문이다.

우리나라 연예인 중에서도 통섭형 인재로 꼽히는 사람이 있다. 바로 개그맨 김병만 씨다. 그가 단순한 개그를 하는 것이 아니라 무술과 스포츠 등 다양한 분야를 융합하고 소화하여 새로운 형태의 창조적 개그로 사람들에게 웃음과 아이디어를 준다는 이유에서다. KBS2 TV 개그콘서트의 최장수 코너인 '달인' 의 주인공인 그는, 몸을 사리지 않는 투혼으로 어려운 묘기를 보여줌으로써 관객의 감동을 이끌어내는 연예인으로 158.7㎝의 작은 키 때문에 학창시절에 콤플렉스가 심했다고 한다. 그런 그가 어릴 적부터 꿈꾼 것은 개그맨이었고 그 꿈을 실현하기 위해 무작정 상경했다고 한다. 그는 10

여 년 동안 건물 파쇄, 신문배달 등 안 해본 것 없이 지독한 고생을 했다. 그리고 '무작정 상경'의 목적을 달성하기 위해 개그맨에 도전했고 8번 만에 합격했다. 말 그대로 7전 8기인 셈이다. 그의 개그에는 그동안의 모든 경험이 결합되어 김병만 씨만이 할 수 있는 창조적 개그를 만들어낸 것이다.

김영록 작가는 그가 쓴 《융합인재 우리는 함께 간다》라는 책을 통해 "한 분야의 전문성은 물론 타 분야의 지식과 정보를 두루 갖추고 1인 3역을 해내야 한다."며, "현대를 살아가기 위해 '통섭' '통합' '융합' 등 특정 학문과 전문분야의 경계를 넘나드는 능력이 요구되고 기업들은 이런 인재를 원하고 있다."고 힘주어 말한다.

"공간의 압축으로 국경을 초월하는 국제화 시대가 열렸고 역동적이고 도전이 많은 초복잡성supercomple xity 세계를 무대로 살아가는 덕목이 절실해지고 있다."는 김영길 한동대학교 총장의 말씀 속에서도 '통섭'의 시대를 살고 있는 우리에게 통섭적 마인드가 얼마나 긴요한지를 잘 읽을 수 있다.

우리 구성원 전체가 공직자로서의 올바른 마음가짐으로 조직의 목표를 실현하기 위해 하나로 융합하고, 서로 아름다운 인간관계 형성을 통해 정서적으로 소통하면서 더불어 함께하는 조직, 조화로운 직장문화를 조성해 나간다면 우리 지역사회 발전을 이끌어 갈 긍정적 에너지를 분출해 낼 수 있을 것이라 믿는다. 이것이 바로 학자들이 이야기하는, 조직에서의 '통섭'이 갖는 힘이 아닐까 싶다.

# 함께할 수 있는 비결

요즘 우리 사회의 분열양상이 도를 넘었다. 정치 사회 각 분야가 갈등과 대립으로 치닫고 있다. 밤낮 빈부격차와 지역이기로 시끄럽고 이념분쟁으로 칼날을 세우고 있다. 진영논리에 따라 진실이 외면받기도, 호도되기도 한다. 이런 민심에 편승한 포퓰리즘적인 공약들은 사회 갈등을 더욱 증폭시킨다. 그러다보니 갈등지수가 경제협력개발기구OECD 회원국 중 4위로 올라섰다. 갈등에 따른 사회비용이 국내총생산GDP의 27%에 이를 정도라고 하니 놀라지 않을 수 없다. 상대의 주장을 수용하고 받아들이지 않는 '불통'이 갈등의 원인이다. 다양한 사회적 갈등을 통합적인 시각에서 이해하고 조정하지 않고선 한 발짝도 나아갈 수 없는 것이 오늘의 우리 사회현상이다.

세상 사람들 고민에 즉답을 내놓으며 소통하는 법륜 스님에게 해법을 묻자 "마음이 다르면 대화를 해도 안 듣게 되니 먼저 상대방을 인정하고 이해해야 한다."고 일러준다. 또 소통 달인으로 불리는 GE 커뮤니케이션의 모 전무는 "하고 싶은 말을 하는 것이 아니라 다른 사람이 알고 싶은 이야기를 하는 게 소통의 기본"이라고 말한다. 우리가 늘 입버릇처럼 '통합'과 '소통'을 강조하면서도 서로의 벽을 허물지 못하는 건, '내 생각을 관철해야 한다'는 독선과 아집으로 상대방과 나를 이어주는 '마음의 길'을 스스로 닫고 있기 때문인지도 모른다.

도대체 소통이란 무엇인가? 사전적 의미로는 "서로 통하여 오해가 없음"이라고 되어 있다. 생각건대 '나'와 '너' 사이에서 이해관계가 맞아떨어지는 것, 조금씩 손해 보면 되는 것이 바로 '소통'이 아닐까 한다. 그렇다면 우리 사회에 노정되어 있는 불균형, 부조화, 미래에 대한 불안을 한꺼번에 씻어버릴 수 있는 비결을 파울로 코엘료의 소설 《베로니카 죽기로 결심하다》에서 찾을 수 있을 것 같다.

다양성을 인정하고 화합과 어울림을 추구하기 위해서는
무엇보다 지도자가 솔선해서 말과 행동이 일치하는, 인테그리티integrity를 갖춘 리더십을 발휘하고,
사회구성원 또한 사회와 타인에 대해 좀 더 이성적이고 조화로운 시각을 가지고
다툼(諍)을 하되 대화를 통해 화합(和)하는 '화쟁和諍'의 미덕을 보여야 하지 않을까?

한 왕국을 무너뜨리려고 마음먹은 마법사가 우물에 묘약을 풀었다. 그 물을 마시는 사람은 누구나 미쳐버리는 독약을 풀었던 것이다. 이튿날 아침, 그 우물을 마신 백성들이 모두 미쳐버렸다. 마법사가 접근할 수 없는 곳에 따로 우물이 있었던 왕과 왕의 가족들은 다행히 화를 입지 않았다. 왕은 백성들을 통제하기 위해 안전과 공중위생에 관한 일련의 조치를 내렸지만 경찰과 관리들은 이미 독이 든 물을 마신 상태였다. 그래서 왕의 조치가 말도 안 되는 소리라고 생각한 그들은 따르지 않기로 결정했다. 왕의 칙령을 접한 백성들도 왕이 오히려 미쳤다며 궁궐로 몰려가 왕좌에서 물러나라고 폭동까지 일으킨다. 그러자 왕비가 왕에게 이렇게 제안한다. '우리도 우물로 가서 그 물을 마셔요. 그러면 우리도 그들과 같아질 거예요.' 왕과 왕비는 독이든 물을 마셨고 이내 정신 나간 말들을 하기 시작했다. 그러자 백성들은 마음을 돌렸다.

멸망 직전의 상황에서 왕이 백성과 함께할 수 있는 용단을 내림으로써 그 왕국엔 다시 평화가 찾아왔다는 이야기이다. 다소 과장되고 황당한 내용이지만, 리더는 독을 마시는 심정으로 상대의 편에서 주는 인내와 수용, 그리고 지혜가 필요하다는 것을 말하고 있는 것이다.

사람 사는 세상에 분열과 대립이 없을 수 없다. 무수한 시행착오와 갈등의 소용돌이를 피해갈 수 없다. 민주주의란 한 바가지의 피를 흘린 뒤에야 겨우 한 걸음씩 전진할 수 있는 제도라고 했다. 그래서 온갖 주체들이 자신의 목소리를 내고, 시끄러운 것이다. 문제는 본질을 벗어난 소모적인 갈등이다.

다양성을 인정하고 화합과 어울림을 추구하기 위해서는 무엇보다 지도자가 솔선해서 말과 행동이 일치하는, 인테그리티integrity를 갖춘 리더십을 발휘하고, 사회구성원 또한 사회와 타인에 대해 좀 더 이성적이고 조화로운 시각을 가지고 다툼(諍)을 하되 대화를 통해 화합(和)하는 '화쟁和諍'의 미덕을 보여야 하지 않을까? 서로 이해하고 양보하면서 화합하고 관계가 돈독해지는 공동체사회가 되기를 소망해 본다.

# 침묵은 성공의 중요한 요소

'대화를 나누는 것' 과 '말을 하는 것' 은 엄연히 다르다.

'대화' 는 서로의 공감을 바탕으로 하지만 '말' 은 일방적이다. 그래서 누군가와 나눈 것이 '대화' 가 아니라 '말' 이었을 때 탈이 나기 쉽다. 불쾌하고 찜찜하다.

사람들이 '대화' 를 하지 못하고 '말' 을 하는 것은, 자신이 특별한 존재라는 생각과 자신이 하는 얘기는 당연히 중요하고 의미있다고 생각하기 때문이라고 한다. 그리고 치열한 현실에서 살아가기 위해 남보다 더 튀어야 하고 좀 더 잘해야 한다는 생각에서 '나'를 중요시하기 때문이라는 것이다.

'생각버리기 연습'과 '화내지 않는 연습' 등을 통해 마음을 비우고, 나를 내려놓을 것을 강조했던 코이케 류노스케 스님은, 자신이 쓴 책 《침묵 입문》에서 인생을 맛있는 과자로 만들기 위해서는 '자기'라는 재료를 아주 조금만 써야 한다며, '자기'의 농도를 낮추라고 강조한다. 대화에서 대인관계를 망치는 악한 기운이 나타나는 가장 큰 이유는 짙은 '자기 농도' 때문이라는 것이다. 자기 농도란, 자신이 중요하고 멋진 존재라고 생각해 모든 대화의 중심에서 자신을 가장 처음 위치시키고, 다른 사람의 이야기에는 관심을 두지 않는 것을 말한다. 사람들은 '내가…'라는 말로 문장을 시작하는 경우가 많은데, 이렇게 했을 때 사람들의 관심을 끌 수 있을 것이라는 욕망이 잠재되어 있기 때문이라고 한다. 하지만 오히려 짙은 자기 농도 안에서 대화할 때 서로의 이야기는 상대방에게 지루한 내용이 되고, '나는'이라는 말이 많이 들어갈수록 자만과 교만감으로 자아도취를 느끼기 쉬워 주변을 의식하지 못하는 오류를 범하기 일쑤라고 경고한다. 또 저자는 현대인들이 너무 많은 말을 사용한다고 지적하면서, 제대로 된 인간관계를 유지하고 다른 사람들과 교제를 하기 위해서는 입을 무겁게 하라고 당부한다.

사회학자들의 연구에 따르면 여자는 하루 평균 25,000개의 단어를 말하며, 남자는 10,000개의 단어를 말한다고 한다. 그 과정에서 무의식중에 상대에게 상처를 주거나 나를 과시하려는 경향이 나타난다는 것이다.

말 많은 세상에 말로 인해 짜증이나 트집을 잡는 사람도 많고, 다른 사람을 비난하는 말을 일삼는 사람도 있으며, 자랑을 늘어놓는 사람도 있다. 그 말 한 마디 한 마디 따져보면 거의 쓸데없는 말이 대부분이다. 특히 여러 사람들이 모인 장소에의 말잔치를 살펴보면, 자리에 없는 사람을 안주삼아 성토하는 분위기로 변질되는 경우가 종종 있다. 심지어는 같이 험담하던 동료가 화장실에 간 사이 그에 대한 험담을 늘어놓다가 돌아오면 황급히 말꼬리를 감추는 웃지 못할 상황을 허다하게 목격하곤 한다.

이처럼 사람들이 곧잘 누군가를 비판하거나 성토하는 것은, 그러는 동안은 자신의 모자람을 잊을 수 있고 자신의 자만심을 만족시키기 때문에 그렇게 행동하게 되는 것이라고 한다. 그리고 명심해야 할 것은, '일이 많아서 힘들어', '돈이 없어서 고민이야', '기름값이 너무 많이 들어' 등등 자신의 처지가 불행하다고 하는 말도 하지 말라고 한다. 더 나아가서 듣지도 말라고 하는데 이런 종류의 말을 하는 것은 상대방에게 불량식품을 먹으라고 강요하는 것과 같다는 것이다.

아인슈타인에게 성공의 비결을 물었더니 "A=X+Y+Z"라고 답변했다고 한다. 즉 '성공=일+놀이+침묵' 이라는 것이다.

열심히 일하고 신나게 노는 것이 성공의 요소라는 것은 쉬 이해가 되는데 '침묵' 이 어떻게 성공의 요소가 될 수 있는 것인지 의아해하는 사람이 많을 것이다. 그러나 그의 설명을 들어보면, '침묵' 이야말로 성공의 가장 중요한 요소라는 것을 우리는 알게 된다.

우선 침묵하면 말로 하는 실수를 줄일 수 있고, 다른 사람의 말에 귀를 기울일 수 있다. 그리고 차분히 생각을 정리할 수 있으니까 침묵 끝에 나오는 말과 행동은 얼마나 신중하고 완벽할 수 있겠는가.

'침묵의 힘' 이라는 내용에도 이런 구절이 나온다. "만약에 현자에게 '침묵이란 무엇이오?' 하고 물으면 '위대한 신비' 라고 답할 것이다. '침묵의 대가는 무엇이오?' 라고 물으면 '자제와 진정한 용기', '끈기와 인내', '위엄과 존경' 이다." 라고 답할 것이라고 하니, 침묵이야말로 '인격의 시금석' 이 아니고 무엇이랴.

# 부부의 관계

모 방송사에서 애청자들에게 '부부관계' 에 대한 생각을 물었더니, 유머러스한 대답이 쏟아졌다. 어느 분이 답하기를 "부부는 '바람' 이다. 세기에 따라 따뜻하기도, 춥기도 하니까."라고 하였다. 또 다른 이는 "부부란 '혼자' 다. 흐를 땐 유유히 혼자 흐르니까."라고 의미가 심장한 대답을 해 실소를 자아냈다.

〈대한민국 유부남 헌장〉, 〈남편생태보고서〉에서 부부 관계에 대해 유쾌한 입담을 보여준 작가 김상득은 어느 날 문득, 함께 밥을 먹고 잠을 자고 사랑을 나누고 아이들을 낳아 기르며 같이 살지만 도대체 아내가 누구인지 어떤 사람인지 몰랐다는 것을 깨닫고, 《아내를 탐하다》라는 책을 집필하면서 아내라는 인격적 공간을 탐사해나가는 과정을 솔직담백하게 그려내고 있다.

"밤이 깊어 부부는 잠자리에 든다. 방의 벽지며 살림살이가 모두 낯설다. 이국땅에서 남편과 1년여 만에 갖는 잠자리. 아내는 새색시처럼 부끄럽다. 남편의 몸을 받아들이며 아내는 처녀처럼 몸을 떤다. 자기도 모르게 그만 눈물을 흘린다. 서러운 것은 아닌데, 슬픈 것은 더욱 아닌데 눈물이 자꾸만 흐른다. 우는 아내를 보며 입 무거운 남편도 마음이 짠했던지 입을 연다. '와 우노? 내가 그래 좋나?' 아내가 왜 우는지 남편은 모른다. 그 무심한 남편 옆에서 아내는 눈물이 채 마르기도 전에 모처럼 달고 깊은 잠에 빠져든다."는 이 대목에 이르면 가슴 한편이 시리고 아려온다.

참, 오죽하면 부부관계의 소중함을 일깨우고 화목한 가정을 일궈가자는 취지로 '부부의 날' 까지 법정기념일로 제정되었을까 싶다.

박수근 화백이나 서정주 시인 같은 위인들의 소박하면서도 훈훈한 '부부관계' 에 관한 얘기를 들어보면, 남편과 아내라는 한 인간을 더 깊이 이해하고 사랑하게 된다.

박 화백은 평생 동안 아내에게 사랑한다는 말 한 마디 못한 무뚝뚝한 남편이었다고 한다. 수없이 그림을 그려 팔아도 늘 살림은 쪼들렸다. 그래서 아내는 행상하랴 빨래하랴 아이 업고 달래랴 항상 바쁘게 살아야만 했다는 것이다. 하지만 결코 가난이나 불평불만에 찌들지는 않았다고 한다. 오히려 엄마 고생시킨다고 아버지를 원망하는 아들에게 "엄마는 부자가 되려고 결혼한 게 아니야. 행복하게 살려고 결혼했지."라고 나무랐다는 것이다. 부부가 무엇으로 살아야 하는지 알려주는 대목이다.

뿐만 아니다. 미당 선생의 생애와 그의 〈내 늙은 아내〉라는 시에서도 부부관계의 진한 감동을 잘 읽을 수 있다.

> 내 늙은 아내는 아침저녁으로/ 내 담배 재떨이를 부시어다 주는데/ 내가/ "야 이건 양귀비 얼굴보다 곱네, 양귀비 얼굴엔 분때라도 묻었을 텐데?"/ 하면,/ 꼭 대여섯 살 먹은 계집아이처럼/ 좋아라고 소리쳐 웃는다./ 그래 나는 천국이나 극락에 가더라도/ 그녀와 함께 가볼 생각이다.

조금은 익살스러운 느낌이 들긴 하지만, 웃음소리가 넘쳐나는 시인의 안방이 따스하게 그려져 있다. 그리고 미당 선생은 마치 약속 같고 다짐 같았던 이 시처럼 부인이 세상을 떠나자 곡기를 끊고 맥주로 연명하다가 꼭 두 달 후 부인이 있는 곳으로 따라 떠났다고 한다.

'부부는 서로에게 거울'이라는 말이 있다. 돌아선 아내의 뒷모습이 비춰주는 남편이라는 사람의 모습이 혹 이기적이고 만사 귀찮은 게으른 존재로 비춰지지는 않는지, 그리고 육아와 가사에 얽매이고, 워킹맘으로 집안 경제까지 서슴없이 떠맡는 아내들은 남편에게 과연 어떤 존재인지, 또 서로를 얼마나 잘 이해하고 알고 있는지…. 애틋하고 애절한 사랑으로 상대를 잘 탐색해 보자. 모든 생명체는 사랑을 받으면 강력한 파동에 의해 생체의 변화가 일어나 건강하게 오래 살게 된다고 하니, 장수를 바란다면 꼭 그렇게 해야 하지 않을까.

# 2012 런던올림픽을 계기로

2012 런던올림픽이 7월 27일부터 8월 12일까지 '하나의 삶Live As One' 이라는 슬로건 아래 약 보름간의 열전에 돌입했다.

올림픽은 기원전 8세기부터 서기 5세기에 이르기까지 고대그리스 올림피아에서 열렸던 '올림피아경기' 에서 비롯되었다. 올림픽 기간에는 서로 전쟁을 금지했기 때문에 올림픽은 평화의 상징이었다. 하지만 그리스의 몰락과 함께 고대올림픽은 막을 내리고 1896

년 올림픽의 고장인 그리스 아테네에서 프랑스 피에르 드 쿠베르탱 남작이 올림픽을 부활시켜 제1회 올림픽이 열렸다. 그리고 지금까지 쭉 이어지는데 이것이 현재의 근대올림픽이다.

쿠베르탱 남작이 올림픽을 부활해야겠다고 결심한 것은 올림피아의 유적지가 큰 계기가 되었다고 한다. '올림피아'는 그리스 남부 펠로폰네소스 반도 북서부에 있는 고대도시 이름인데, 고대올림픽 경기의 발상지이다. 바다와 평화와 인접한 좋은 환경 덕분에 구석기 때부터 인류가 살았고 고대에는 '엘리스'라는 국가의 주요 도시였다.

고대올림픽의 유래는 수수께끼로 남아 있다. 어떤 전설에 의하면, 아주 오랜 옛날 엘리스 사람들은 더러운 것을 보면 '아우게이아스 Augias의 외양간 같다'라는 표현을 사용했다고 한다. 아우게이아스는 엘리스에 있는 에페이아족의 왕이며 태양신 헬리오스의 아들이다. 그에게는 수천 마리에 이르는 소와 양, 염소 그리고 엄청난 규모의 외양간이 있었다. 그런데 이 외양간은 30년간 청소를 하지 않아 배설물로 열병이 돌고 농사를 짓는 데 방해가 되었다 한다. 그러니 그 같은 조롱을 받을 만도 하다.

아이로니컬하게도 이 외양간이 고대올림픽 창시와 연관이 있다는 것이다. 그 유명한 '헤라클레스의 열두 가지 과업'에 관한 이야기를 보면, 헤라클레스는 제우스의 외도로 인간과의 사이에서 태어난 아들인지라 계모 헤라가 무척 미워했다. 헤라클레스가 아직 요람 속에 있을 때 두 마리의 독사를 보내 죽이려고 했고, 성인이 되어서도 헤라의 미움은 계속되었다. 결국 헤라의 음모로 헤라클레스는 살인을 저지르고 말았고, 그 죗값을 치르기 위해서 열두 가지의 노역을 하게 된다. 네메아Nemea 숲속의 사자를 잡아 그 가죽을 벗겨오는 일, 레르네Lurnae 늪에 사는 히드라Hydra를 없애는 일, 케리네이아의 산중에 사는 사슴을 산 채로 잡는 일, 에리만토스 산의 멧돼지를 산 채로 잡는 일, 아우게이아스 왕의 가축우리를 청소하는 일. 스팀팔스 호반의 사나운 새 퇴치, 크레타의 황소를 산 채로 잡는 일, 디오메데스왕 소유의 사람 잡아먹는 4마리의 말을 산 채로 잡는 일, 아마존의 여왕 히폴리테의 띠를 탈취하는 일, 괴물 게리온이 가지고 있는 소를 산 채로 잡는 일, 님프 헤스페리스들이 지키는 동산의 황금 사과를 따오는 일, 그리고 저승을 지키는 개 케르베로스를 산 채로 잡는 일이 바로 그것이다.

이들 과업 중 다섯 번째 과업인 아우게이아스의 외양간을 치우는 조건으로 헤라클레스는 품삯으로 가축의 10분의 1을 요구하였고, 아우게이아스는 오전 안에 외양간을 청소할 것을 조건으로 하여 지키지 못할 시 헤라클레스를 종으로 삼겠다고 했다.

헤라클레스는 강줄기를 끌어들여서 순식간에 외양간을 깨끗하게 청소했다. 하지만 왕은 품삯을 주기는커녕 "몸과 마음을 삼가야 하는 주제에 재물까지 탐낸다."며 헤라클레스를 잔뜩 비웃고 쫓아낸다.

'열두 가지의 과업' 을 모두 끝낸 후 불사신이 된 헤라클레스가 아우게이아스 왕을 그냥 놔뒀을 리 없다. 군사를 이끌고 엘리스 왕국을 쳤고 자신의 편을 들어줬던 맏아들만 남겨두고 왕과 아들들을 모두 죽였다.

그리고는 엘리스의 땅 올림피아에 제우스를 기리는 뜻으로 경기장을 만들고 올림픽경기를 창설했다. 경기장이 완성되자 헤라클레스는 일직선으로 200걸음을 걸은 다음 이 거리를 '스타디온' 이라고 불렀다. 길이 단위인 이 말이 훗날 영어에서 경기장을 뜻하는 '스타디움stadium' 의 유래가 되었다고 한다.

올림픽은 세계인이 평화와 우의를 나누며 인류 공영의 정신을 확인하는 장으로서 큰 역할을 해왔다. 반기문 유엔 사무총장도 얼마 전 "올림픽 정신은 세계인의 평화, 발전, 인권, 또 관용과 단합 같은 목적과 이상을 가지고 있다."고 강조했다.

이번 '2012 런던올림픽' 을 계기로 서로 배려와 소통을 바탕으로 화합하고 단합해서 지역사회 발전에 공헌하는 조직으로 거듭날 수 있도록 마음을 다잡아보면 좋지 않을까….

제3부

# 단순 소박한 삶의 가치

# 제3부
# 단순 소박한 삶의 가치
/

부부 금슬의 비결 | 든든한 노후생활을 영위하려면 '부부농사'가 우선 | 진정한 노력은 하늘도 감동시킨다 | 걷기와 사유 | '떡' 이야기 | 9년을 기다려야 먹을 수 있는 빵 | 광풍제월光風霽月 | 남의 불행이 나의 행복(?) | 단순 소박한 삶의 가치 | 레밍 효과Lemming effect를 경계하자 | 루돌프 사슴 코는 왜 빨갈까? | 모자람의 미덕 | 버리고, 닦으면 인생이 바뀐다 | 비교는 불행의 씨앗 | 사해가 주는 좋은 가르침 | 사회적 기업의 의의 | 세상에 공짜는 없다

# 부부 금슬의 비결

《제3의 길》의 저자 앤서니 기든스Anthony Giddens는 "21세기 사회변동의 핵심은 여성이다."라는 말을 통해 여성의 시대가 곧 도래할 것을 일찌감치 예견했다. 최근 알파걸, 나오미족, 워킹맘 등 여성 관련 신조어들이 사회적 담론으로 대두하는 것만 봐도 그의 예견이 크게 빗나가지 않고 있다는 것을 반증하고 있다. 특히 여성은 현대사회에서 생산과 소비의 핵심 주체로 등장하고 있는데, 문화상품은 물론 자동차 등의 남성적 상품에 대해서도 직접적으로 여성이 미치는 영향이 크게 확대되는 여성의 파워현상을 일컫는 '위미노믹스Womenomics = Women + Economics' 란 신조어는 이러한 시대상을 잘 반영해 주고 있다.

실제로 얼마 전 한 통계조사에 따르면 전체 취업자 중 42.2%가 여성 취업자라고 한다. 특히 초중고 교사의 경우나 국회의원 외무고시 합격자는 꾸준히 상승하는 추세에 있으며, 과거에는 가사와 비슷한 일에 종사했던 여성들이 이제는 남자들의 영역이라고 보이는 곳에서도 그 맹위를 떨치고 있는 것으로 알려졌다.

아내가 요즘처럼 자신의 일을 갖고 남편과 동등한 사회적 경제주체가 된 것은 아이러니하게도 20세기 최악의 재앙으로 여겨지는 제2차 세계대전 덕분이다. 전장으로 나간 남성의 빈자리를 대신해 조선소의 용접공, 설비공 등 남성만의 영역으로 여겨졌던 곳까지 아내들이 차지했다. 그리하여 아내들도 점차 정치의식을 갖게 되었고 더 많은 사회적 역할을 담당하게 되었다.

하지만 "남자가 가지고 있는 최고 또는 최악의 재산은 그의 아내이다."라는 영국 역사가 토머스 풀러의 이 말처럼, 아내가 남편의 소유물과 같이 취급되던 시대가 있었다. 이런 개념은 남편과 아내를 일컫는 호칭에서 아직도 느낄 수 있다.

먼저 '남편' 을 가리키는 호칭들로는 남편, 신랑, 부군, 지아비, 아이아버지, 가장, 양반, 영감, 우리집주인, 우리집어른 등이 있다. 또한 아내를 일컫는 호칭들은 처, 내자, 집사람, 안사람, 마누라, 색시,

여편네, 부인, 와이프가 있다. 남편은 높이고 아내는 낮췄다. 남편이 주인이고 아내는 주인에 속해 있는 사람처럼 불린다.

그런데 부부가 서로를 허물없이 부르는 '마누라'와 '영감'의 어원을 살펴보면 참 재미있다. '마누라'의 어원은 '마노라'이다. 이 말은 고려 후기에 몽골에서 들어왔으나 놀랍게도 조선시대 때는 궁중에서 사용되었던 극존칭이었다. 우리가 흔히 알고 있는 '마마'처럼 왕실 일가를 존칭할 때 '마노라'를 붙여 '대대 마노라', '대전 마노라', '선왕 마노라'라고 쓰이던 궁중 용어였으며 후기에 들어서는 세자빈을 가리키기도 했다.

왕실의 극존칭으로 사용되었던 용어가 '아내'의 호칭으로 전락한 시기는 조선 왕조가 쇠퇴하면서 봉건 시대가 막을 내리기 시작할 무렵이었다고 한다. 그러나 왜 그렇게 되었는지는 명확히 알 수가 없다. 다만 '마누라'와 비슷하게 그 뜻이 전락한 영감에 관한 이야기를 보면 대충 이해가 될 것 같기도 하다.

원래 영감은 정3품과 종2품 당상관을 높여 부르는 말이었다. 당상관 이상은 '대감'이라 불렀다. '영감'이 늙은 남편을 일컫게 된 연유는 이렇다. 사람들의 평균 수명이 40세였던 조선시대, 그 당시 오래 산다는 것은 큰 복이었다. 그래서 80세 이상 노인들에게는 조정에서 벼슬을 내려 줬는데 벼슬을 받은 이들을 '영감'이라고 높여 부른 것이 오늘날까지 이어져 내려오고 있다는 것이다.

80년간의 결혼생활로 세계 최장 결혼생활을 기록한 퍼시 애로스

미스(105)와 플로렌스(100) 부부는 "우리는 여전히 서로를 사랑하고 있다."며 노부부의 금슬을 과시했다. 오랜 금슬의 비결을 묻는 질문에 플로렌스는 "미안해sorry라는 말을 하는데 주저하거나 두려워하지 말라"고 당부했고, 그의 아내 퍼시는 항상 "그래 여보yes dear"라는 말로 순순히 사과를 받아줬다고 응답했다고 한다.

'마누라'와 '영감', 고귀한 신분을 부르던 호칭이었다. 거문고와 비파가 서로 잘 어울리듯 오래도록 복되고 영화로운 삶을 누리려면 그 존귀한 호칭만큼이나 서로를 존중하고 배려하며 인정하는 관계를 유지해야 하지 않을까?

오래도록 복되고 영화로운 삶을 누리려면
그 존귀한 호칭만큼이나 서로를 존중하고 배려하며
인정하는 관계를 유지해야 하지 않을까?

# 든든한 노후생활을 영위하려면 '부부농사'가 우선

이명박 대통령이 제40회 어버이날을 맞아 "가정이 평온하면 세상이 평화로워진다."고 하였다.

대통령은 이날 전국의 효행자와 장한 어버이, 나눔 실천 어르신 등 200여 명을 청와대로 초청해 오찬을 함께한 자리에서 이같이 피력한 뒤 "대한민국이 가장 자랑할 수 있는 것이 '가족제도'라며 '효'를 행동으로 실천하는 여러분들의 긍정적 바이러스가 사회에

번졌으면 좋겠다."고 덧붙였다.

아닌 게 아니라, 요즘 우리 사회는 핵가족화를 넘어 가족해체 현상이 심화되면서 전통적 가족제도의 붕괴현상이 날로 그 심각성을 더해가고 있다. OECD국가 중 이혼율 1위, 황혼이혼 7년째 증가, '싱글족' 증가(전체 가구의 절반이 1·2인 가구), 노인부양기피 등으로 인해 연고도 없는 독거노인이 날이 갈수록 증가하고 있다. 이로 인해 귀담아들어야 할 어른들의 소리가 사라져버린 지 오래고, 사회관계의 끈이 끊기면서 사람과 사람의 유대관계가 무너진 '무연사회無緣社會'라는 신조어까지 생겨났다고 하니 '말세'라는 말이 나올 법도 하다.

얼마 전 보건복지부가 발표한 '2011 노인실태조사' 결과는 가히 충격적이다. 노인가구 형태는 노인독거 19.6%, 노인부부 48.5%, 자녀동거 27.3%로 노인 단독가구의 비중이 증가하고 자녀 동거율이 급감한 것으로 조사됐다. 이를 달리 표현하면, 부모는 자녀에게 노후를 의지하기 싫어하고, 자녀는 부모를 모시기 싫어하는 사회로 변화하고 있다는 방증인 셈이다.

이 같은 조사결과는 또 있다. 한국보건사회연구원 조사에 따르면 베이비붐 세대의 93.2%가 노후에는 부부끼리, 혹은 혼자 살겠다고 답했다. 노후수발도 아들과 며느리에게 의지하겠다고 답한 사람은 2.7%로 극소수였다. 요양시설이나 요양병원에 노후를 맡기겠다는 것이다.

참, 오죽하면 '부모세대와 자녀세대의 공존법'이란 말이 나왔을까 싶다. 한 칼럼니스트가 쓴 사회풍자는 부모세대와 자녀세대 사이의 인식 격차가 어느 정도인지 가히 짐작이 가고도 남음이 있다.

"이사 갈 계획을 짜면서 방 세 개는 있어야 아들식구 오면 자고 가지 않겠느냐고 했다가 자고 갈 방이 있으면 며느리가 싫어한다는 주변의 타박을 들었다."는 이야기는 우리 사회의 서글픈 단면을 보는 것 같아 씁쓸한 기분을 떨칠 수 없다. 그리고 "수억 원을 내고 민간 노인홈에 들어간 자산가 부친 때문에 자녀들이 속병을 앓고 있다"는 내용은 '우리 사회에서 부모는 물질적 능력을 지닌 한도에서만 자식에게 대접을 받는다'는 비정한 현실을 뒷받침하고 있다. 자식에게 다 내주는 '수컷 가시고기의 시대'는 이미 갔다는 사실을 여실히 보여주고 있는 것이다.

그러면 행복한 노후를 보내려면 어떡해야 할까? 김동선 작가는 자신의 저서 《마흔 살부터 준비해야 할 노후 대책 일곱 가지》에 "자녀로부터 독립하라", "노년의 행복감은 배우자와의 원만한 관계에 비결이 있다"라고 적고 있다.

한 실버세대가 쓴 '든든한 노후생활을 영위하려면 '부부농사'가 우선'이라는 글에서도 "직장에서의 성공이나 자식농사, 부모공양 등 우선순위에 밀려 등한시되기 일쑤였던 부부관계가 사실은 행복한 노후를 위한 가장 확실한 '보험'"이라고 강조하고 있다. 그만큼 좋은 부부관계를 유지하는 것이 중요한 시대임을 시사하고 있는 것이다.

노부부의 고소한 로맨스를 그린 드라마 '그대를 사랑합니다' 가 많은 시청자들의 심금을 울린 것은 바로 작금의 세태와 풍속을 실감나게 그렸기 때문이리라. 영원히 함께 있을 것 같던 자식들은 하나 둘 부모 품을 떠나가고, 백년을 함께 살자고 맹세했던 부부는 늙고 병들어 고단한 삶을 이어가면서도 "죽음보다 사랑하는 사람을 못 보는 게 더 두렵다."며 고백하는 노부부의 애틋한 장면은 아직도 가슴을 저미게 한다.

"부부로 만나는 것은 하늘에 달렸고 어떻게 해로를 하느냐 하는 것은 사람에 달렸다."는 말이 있다. 그러니 나이가 들어갈수록 겹겹이 쌓이는 묵은 정으로 서로 가려운 등 긁어주며 사는 것이 노년을 지혜롭게 준비하는 길 중에서도 최고의 가치라는 점에는 의심의 여지가 없다. 악처가 효자보다 낫고, 자식보다 못한 배우자란 없다고 하지 않던가.

'부부' 가 얼마나 소중하고 감사한 존재인지를 새삼 깨닫게 되는 오늘 아침, 부부관계가 소원해진다고 느낄 때마다 이생진 시인의 〈아내와 나 사이〉 시 한 편을 음미해 보면 부부간의 사랑을 되찾는 애정의 불쏘시개가 되지 않을까 싶다.

아내는 76이고/ 나는 80입니다/ 지금은 아침저녁으로 어깨를 나란히 하고/ 걸어가지만 속으로 다투기도 많이 다툰 사이입니다/

요즘은 망각을 경쟁하듯 합니다/ 나는 창문을 열러 갔다가/ 창문 앞에 우두커니 서 있고/ 아내는 냉장고 문을 열고서 우두커니 서 있습니다/ 누구 기억이 일찍 돌아오나 기다리는 것입니다/ 그러나 기억은 서서히 우리 둘을 떠나고/ 마지막에는 내가 그의 남편인 줄 모르고/ 그가 내 아내인 줄 모르는 날도 올 것입니다/ 서로 모르는 사이가/ 서로 알아가며 살다가/ 다시 모르는 사이로 돌아가는 세월/ 그것을 무어라고 하겠습니까/ 인생?/ 철학?/ 종교?/ 우린 너무 먼 데서 살았습니다

# 진정한 노력은 하늘도 감동시킨다

2012 런던올림픽 경기가 종반으로 접어들고 있다. 인간의 한계를 뛰어넘는 도전, 그리고 선수들의 투혼은 우리에게 진한 감동을 선사했다. 올림픽 역사를 더듬어보면, 그동안 수많은 선수들의 땀과 눈물과 열정이 빚어낸 드라마틱한 장면들이 많았다. 그중에서 아직도 많은 사람들의 마음속에 짠한 감동으로 자리하고 있는 대회는 1908년 런던올림픽에서의 마라톤 경기가 아닐까 한다.

이 경기는 일명 '도란도의 비극'으로 불리는데, 이탈리아 출신 '도란도 피에트리 선수는 당시 스물두 살의 청년이었다. 그는 다른 경쟁자들을 멀찌감치 따돌리고 가장 먼저 경기장으로 들어섰다. 이제 마지막 한 바퀴만 돌면 우승이었다. 관중들은 예비 우승자에게 일제히 환호와 박수를 보냈다.

하지만 이내 경기장은 침묵 속으로 가라앉았다. 결승지점을 300야드(약 270미터) 앞둔 지점에서 다리가 풀려 쓰러졌기 때문이다. 몇 번이나 쓰러졌다 일어나기를 반복하더니 몸을 가누지 못하고 머리와 팔다리를 흔들거리면서 트랙 반대쪽으로 걸어가고 있었다. 관중들은 흥분하여 '노No'를 외쳤고 잠시 주춤하다가 주위를 살핀 도란도는 방향을 바꾸어 걷더니 얼마 못 가서 허물어지듯 그만 주저앉아 버렸다. 당시의 상황을 뉴욕타임스는 이렇게 전했다. "그는 경주로를 따라 마치 꿈을 꾸는 사람처럼 발을 놀렸다. 그의 발걸음은 걷는 것도 아니었고 달리는 것도 아니었다. 허우적댈 뿐이었다." 안타깝게도 도란도 선수는 너무나 지치고 탈진한 상태였다.

진정한 노력은 하늘도 감동시킨다고 했던가. 관중들은 발을 동동 구르며 도란도를 도와주어야 한다고 외쳤다. 게다가 뒤따르던 선수가 달려오는 상황이었다. 보다 못한 본부석에서 선수를 부축해서 결승선을 통과할 수 있도록 하라고 지시를 내린다. 이렇게 해서 경기 임원 둘이 앞에서 끌고 뒤에서 미는 부축을 받아서 마침내 골인한다.

하지만 미국 선수단은 정식으로 이의를 제기했고 도란도 선수는 외부의 도움을 받았다는 이유로 실격 처리되고 말았다. 1위는 존 하예스John Hayes에게 돌아갔다. 도란도 선수를 부축했던 경기 임원은 훗날 당시의 상황을 이렇게 전했다. "도란도를 돕지 않는다는 것은 인간으로서 도저히 용납할 수 없는 상황이었다. 인간이라면 마땅히 그를 일으켜 세워야 했다."고.

역사가들은 도란도 선수가 탈진한 데에는 영국 왕실의 책임도 없지 않다고 지적한다. 원래 마라톤 거리는 40킬로미터 안팎이었는데, 이날 경기에서 처음으로 2.195킬로미터가 더 늘어났다고 한다. 알렉산드라 왕비가 아이들과 함께 마라톤 출발 장면을 보고 싶다고 해서 출발지점이 윈저궁 왕실육아실 창 아래로 바뀌는 바람에 거리가 늘었다는 것이다. 이 때문에 40킬로미터에 맞춰서 연습했을 도란도 선수가 결승선을 앞두고 기진맥진했다고 주장하는 이들도 있다. 그래서일까. 영국 왕실에서는 금으로 만든 트로피를 따로 제작해서 도란도에게 전달했다고 한다.

그 후 마라톤 거리는 16년 동안의 논란을 거듭한 끝에 1924년 파리올림픽부터 42.195킬로미터로 표준 경기거리를 공식 확정했다. 그리고 도란도 선수와 존 하예스 선수는 올림픽 후에 두 차례 더 대결을 펼쳤고 모두 도란도 선수가 승리했다.

"도전하지 않는 삶은 무의미한 인생"이라는 헬렌 켈러의 말처럼 도전은 인간 승리다. 올림픽 경기에서 투혼을 발휘해 국위를 선양하고, 보는 사람으로 하여금 감동을 자아낸 전사들의 도전과 열정의 배경에는 '진정한 노력은 배신하지 않는다' 는 나름대로의 신념이 있었을 것이라 생각하면서 그들의 장한 투지에 뜨거운 박수를 보낸다.

# 걷기와 사유

경상북도와 안동시, 봉화군에서는 '퇴계녀던 길'을 복원 중이다. '녀던' 혹은 '예던'은 '걷던'이란 말의 고어古語이다. 말하자면 '퇴계가 걷던 옛길'이라는 의미인데 안동 토계리 백운지에서 가송리 농암 종택까지 이어지는 4킬로미터 구간과 봉화 청량교에서 관창1교까지 2킬로미터 구간이다.

이 길은 조선 최고의 유학자인 퇴계가 숙부인 송재 이우에게 학문을 배우기 위해 홀로 걸어 다녔고, 말년까지 자신을 수련하고 싶을 때면 낙동강을 따라 청량산까지 먼 길을 걸었다고 전해 오는 길이

'걷기'는 단순한 다리운동이 아니라
머리와 마음을 깨우쳐주는 사색의 수단이자
최고의 뇌기능 발달운동인 셈이다.

다. 그가 이 길을 걸을 때면 '그림 속으로 들어간다' 며 감탄하곤 하였다니 낙동강의 풍광과 청량산의 자태가 얼마나 빼어나고 수려한지 짐작이 가고도 남는다.

그리고 청량산은 퇴계가 본격적으로 글공부를 시작한 '학문의 산' 이었다. 산에 가는 것 자체가 마음수행, 지식수행과 같다 하여 유산여독서遊山如讀書라 했던 그는, 청량산을 가리켜 '우리 집안의 산' 이라는 뜻으로 '오가산吾家山' 이라고 칭하고 자주 오르내리면서 학문을 도야하였고 산수의 정취까지 누렸다고 전해진다. 생각건대, 자연보다 더한 스승이 어디 있으며, 심신을 단련하고 세상을 관조하는데 산보다 좋은 곳이 있을까 싶다.

사실, 소요逍遙와 산책은 동서양을 막론하고 철학자들에게 영감을 불어넣어 줬다. 다산 정약용은 유배지 다산초당에서 강진 백련사까지 오솔길을 걸으며 '목민' 을 생각했는가 하면, 길에서 만나는 모든 사람과 사물을 스승으로 삼았던 시인 도종환은 '길의 시인' 이라는 별명이 붙었다. 아리스토텔레스도 산책을 하며 제자들을 가르쳤다고 하여 '소요학파' 란 이름까지 얻었고, 사르트르는 '사람은 걸을 수 있는 만큼 존재한다' 며 '걷기 속에는 삶이 들어 있고 우연히 마주치는 깨달음이 들어 있다' 고 했다. 토머스 홉스도 휴대용 잉크병이 장착된 지팡이를 가지고 다녔다고 한다. 걷다가 떠오르는 생각을 기록하기 위해서다. 걷기운동의 시조, 칸트는 매일 오후 5시만 되면 마을길을 산책하는 바람에 사람들이 그를 보고 시계를 맞출 정도였으며, 루소는 "나의 마음은 나의 다리와 함께 작동한다." 고 했으며, 니체는 "심오한 영감, 그 모든 것을 길 위에서 떠올린다."고 했을 정도다.

그런가 하면, 다비드 드 브르통은 '걷기예찬' 에서 걷기를 삶의 불안과 고뇌를 치료하는 약이라고 했다. 해부학자이자 '바보의 벽' 이라는 저서로 유명한 요로 다케시도 '신체를 움직이는 일은 끊임없이 뇌에 정보를 입출력하는 활동' 이라고 했다. 신체를 움직이면 뇌의 모든 기능이 활발하게 기동한다는 것이다.

그러고 보면 '걷기' 는 단순한 다리운동이 아니라 머리와 마음을 깨우쳐주는 사색의 수단이자 최고의 뇌기능 발달운동인 셈이다. 하지만 가만히 있기만 해도 자동차, 엘리베이터, 에스컬레이터, 무빙워크가 태우고 다니는 세상이 되다보니 여간해선 걸어서 가려는 생각을 거의 안 하는 듯하다. 모든 것이 쉽고 빨라진 지금 우리는 많은 것을 놓치며 살고 있는 것이다.

사람이 건강하다는 것은 끊임없이 주변환경의 변화에 몸이 잘 적응하는 능력을 의미한다고 한다. 따라서 보고, 듣고, 냄새 맡는 감각을 통해 자극을 주고받으며 감응할 때 건강이 유지된다는 것이다. 어느덧 봄은 우리 곁에 와 있다. 상큼한 하늘빛을 이고 '테마길' 을 걸어보자. 발끝부터 전해지는 미세한 감촉, 불어오는 바람, 들려오는 자연의 소리들을 감각하며 마음 내키는 대로 걷고, 명상하고, 사색해 보자. 문화예술인과 선각자들의 행적을 따르며 그들의 심오한 작품세계와 혼을 느껴보자. 그러면 우리의 삶이 좀 더 아름답고 고결해지지 않겠는가.

그리고 독일 하이델베르크에 철학자의 길(사색의 길 Philosophenweg'이 있듯이, 우리 지역에도 아름다운 자연과 문화·역사가 어우러진 '길'이 무수히 많다. 지역문화와 유적이 고스란히 담겨 있는 '향토문화의 길', 옛 선조의 정신과 선현의 향기가 스며있는 '선비의 길', 피 흘려 싸우거나 피가 맺히도록 투쟁의 자취가 깃들어 있는 '민주·독립투사의 길', 삶의 고찰과 인간성 회복을 위해 고뇌했던 '문학·예술인의 길' 등을 발굴하여 '스토리가 있는 문화생태 탐방로'를 만들어 보자. 이러한 사업은 지역의 문화관광 가치 증대는 물론, 지역발전에도 새로운 동력을 창출할 수 있지 않을까 싶다.

# '떡' 이야기

우리나라에서 잔치를 치르거나 제사祭祀·고사告祀를 지낼 때 빠질 수 없는 중요한 음식이 있다. 바로 '떡'이다. '떡타령' 가사만 봐도 우리 생활에서 절대로 빼놓을 수 없는 음식이 '떡'이라는 것을 알 수 있다

"정월 대보름 달떡이요, 이월 한식 송병松餠이요, 삼월 삼짇 쑥떡이라. 사월 팔일 느티떡에, 오월 단오 수리치떡, 유월 유두에 밀전병이라. 칠월 칠석에 수단이요, 팔월 한가위 오려 송편, 구월 구일 국화떡이라. 시월 상달 무시루떡, 동짓달 동짓날 새알시미, 섣달에

는 골무떡이라 떡사오 떡사오 떡사려오." 이렇게 다달이 떡을 해먹었으니 '밥 위에 떡' 이란 속담이 생겨났을 만도 하다.

'밥 먹는 배 다르고 떡 먹는 배 다르다' 고 할 정도로 '떡배' 를 따로 찼던 옛 선조들은 떡의 모양도 빛깔도 다양하게 만들어 별식으로 즐겨 먹었다. 멥쌀로 긴 원통형으로 뽑아 만든 가래떡, 쌀가루를 시루에 쪄서 만든 시루떡, 찹쌀로 만든 찹쌀떡, 감가루를 넣은 감떡, 무지개 색으로 다채로운 색의 층으로 만든 무지개떡, 반달 모양으로 속에 소를 넣어 만든 송편, 찹쌀떡에 고물을 묻혀 만든 인절미, 쑥을 넣은 쑥떡, 밀 보리 등의 잡곡의 겨 찌끼를 버무려서 만든 개떡, 찹쌀과 멥쌀을 각각 빻아 가루를 만들어 황설탕을 넣어 만든 꿀떡, 멥쌀가루에 막걸리를 넣어 부풀려 찐 증편(술떡) 등 그 종류만 해도 200여 종이라고 한다.

또, 떡을 나타내는 한자어도 그 재료에 따라 각기 다르게 표현하고 있다. 쌀을 위주로 해서 만들었을 경우 조리법에 따라 '이餌' 나 '자餈' 로 표기했고, 밀가루로 만들었을 경우 '병餠이라 표기했다. 또 멥쌀가루를 쪄서 길쭉하게 뽑은 가래떡은 장수를 의미하고 떡국을 끓일 때 납작하게 썬 가래떡은 엽전과도 비슷해서 재복을 바라는 기원이 들어 있다고 한다.

그러면 이 떡은 언제부터 먹기 시작하였으며 왜 떡이라고 부르게 되었을까? 여러 가지 설이 있으나, 우리 민족이 언제부터 떡을 만들어 먹었는지는 확실하지 않으나 낙랑樂浪 유적에서 시루가 발견된 것으로 미루어보아 원시농경시대부터인 것으로 많은 학자들은 추측하고 있다.

"남의 떡에 설 쇤다."는 말대로, 혼자 먹으려고 떡을 하는 사람은 없다. 별식으로서의 떡은 좋은 날에 여러 사람들과 함께 나눠 먹으려고 하는 우리의 대표적인 전통 음식 중의 하나이다. 귀신에게 제물로 올려진 떡은 '복떡' 으로 이웃과 친척들이 함께 먹으며 즐겼다. 액막이로 아이가 변소에 빠지는 것을 면하기 위해 '똥떡' 을 만들어 변소귀신을 달래고 나누어먹기도 했다. 또 떡이 쪄진 상태의 여부로 점을 치기도 했는데 제주도의 '모돔떡점' 이 대표적이다. 한가윗날 송편의 모양새와 쪄진 상태로 여자들이 미래의 낭군이나 태어날 아기를 점치기도 하는 등 떡은 한국민의 전통을 드러내는 중요한 음식이다.

그래서 '떡' 이라는 말의 어원은 덕德에서 나왔다고 말하는 사람도 있다. 하지만 국어학자들의 말은 다르다. '덕' 에서 '떡' 으로, 발음상으로는 일리가 있는 것 같지만, 떡은 대개 곡식가루를 반죽하여 찌거나 삶아 익힌 음식으로, 옛말로 '찐것' 을 뜻한다고 한다. 그래서 '찌다' 가 명사화되어 '떼기' → '떠기' → '떡' 으로 변화했다는 것이다.

동 · 서양을 막론하고 명절이 되면 온 가족이 함께 모여 맛있는 음식을 나누고 덕담을 주고 받으며 즐거워하는 것이 사람 사는 모습이다. 우리가 설이나 추석 명절이 되면 헤어졌던 가족이 다시 만나

맛있는 음식을 해먹으며 끈끈한 사랑과 정으로 가족들에게 기쁨과 위안을 안겨주는 것처럼, 서양에서도 식구끼리 이웃끼리 빵을 나눠 먹었던 모양이다. '회사' 라는 말의 영어 컴퍼니company의 어원은 '빵을 함께하는 사람들' 이란 뜻의 라틴어 꼼빠니companis에서 유래했다고 한다. 꼼com은 '함께' 라는 뜻이고 빤pan은 '빵' 을 말하는데, 결국 우리 식으로 표현하자면 '함께 떡을 나눈다' 가 된다.

함께 식사를 한다는 것은 단순히 허기를 달래는 것 이상의 의미를 지닌다. 우리 고유의 세시절인 정월대보름을 맞아 달떡을 해 나눠 먹으며 끈끈한 정으로 뭉쳐보자. 묵은해의 모든 부정과 사악을 살라버리고 희망찬 새해를 설계해 보자.

# 9년을 기다려야 먹을 수 있는 빵

주문을 한 후 9년을 기다려야 받을 수 있는 빵이 있다면 믿기는가? 실제로 일본 카나가와 현 남서부에 있는 카마쿠라(鎌倉) 시에 이 빵을 굽는 빵집이 있다. 이름하여 '천사의 빵'인데, 그 집에서 빵을 먹은 사람들이 붙여준 이름이라고 한다.

이 빵은 대형 빵집에서 만들어지는 것도 아니고, 모양은 아주 수수하며, 한적한 주택가에 위치한 조그마한 공방에서 작은 오븐으로 구워진다. 빵집을 알리는 간판도 없고 빵을 진열해 놓은 공간도 없다. 그런데도 전국 각지에서 그 빵을 사기 위해 주문이 끊이질 않는 이유는 한 제빵사의 눈물겨운 사연과 지극한 정성이 있었기 때문이다.

이 빵집의 주인이자 제빵사는 '타이라 미즈키' 라는 인물이다. 1975년생이니까 우리나이로 올해 38세이다. 그는 원래 경륜 선수였다. 경륜은 그가 초등학생 때부터 가졌던 단 하나의 꿈이었고 그 꿈을 이루기 위해 지독한 연습벌레가 되길 마다하지 않았다. 그런 그에게 불행의 어두운 그림자가 드리운 건 2005년 8월 27일, 결혼한 지 5개월이 되었을 무렵이었다. 경륜 경기 도중 뒤에서 달려오던 선수의 자전거에 부딪혀 바닥으로 곤두박질치는 사고로 큰 부상을 입고 고차뇌기능장애를 앓고 말았던 것이다. 전전두엽에 문제가 생겨서 말이 나오지 않거나 기억조차 나지 않을 때가 있고 감정조절이 되지 않아서 소리를 지르기도 한다.

이 같은 절망적인 상황 속에서도 그는 꿈을 포기하지 않고 경륜선수로 재기하기 위해서 빵 만들기를 시작한다. 일종의 재활치료였다. 이렇게 아내의 지극한 간호를 받으며 재활치료에 힘을 쏟은 결과 걸을 수 있었지만 선수로 복귀하는 것은 불가능했고, 실의에 빠진 그를 다시 살게 해준 것이 '빵' 이었다.

경륜이 아니면 세상을 살아가는 의미가 없다던 타이라 미즈키는 재활치료를 겸해서 빵을 조금씩 만들었는데, 그 빵을 먹어본 사람들이 '맛있다' 면서 '언제든지 좋으니까 또 보내 달라' 는 등 계속 편지와 이메일을 보내왔다. 그래서 그는 더 열심히 빵을 굽기 시작했고 자연스럽게 절망을 하거나 고민을 할 시간이 줄어들었다. 그리고 기적 같은 일이 벌어졌다. 그가 구운 빵을 먹어본 전국 각지의 사람들이 감사편지가 답지했는데 단순히 맛있다가 아니었다. 커다란 위로를 받았다고 했다. 빵을 먹기 전에도, 빵을 먹고 있을 때에도, 먹은 후에도 이렇게 온화한 기분이 드는 빵은 처음이라면서….

어떻게 이런 일이 가능할까? 그 비결은 '감사와 정성'이었다. 일본 전역을 다니면서 몸에 좋은 재료를 구해 한 번에 한 사람 분량만을 만든다. 그리고 빵을 만들 때 부인은 편지와 이메일을 통해 알게 된, 주문한 사람의 인적사항과 사연을 꼼꼼하게 남편에게 전한다. 그러면 타이라 미즈키는 '빵을 먹을 그 한 사람만을 생각하면서 마음을 담아 정성껏 밀가루를 반죽하고 반죽에 음악을 들려준다는 것이다. 또 그렇게 해서 만들어진 빵에 마음을 담아 우편으로 발송한다. 정성껏 쓴 편지와 함께.

이 같은 사실이 그의 아내가 쓴 《행복을 나르는 천사의 빵》이라는 책을 통해 세상에 알려지면서 일본 전 국민의 폭발적인 관심을 가지게 되었다. 현재 일본 각지에서 몰려든 주문만 1만 건이 넘는다고 한다. 몸이 불편한 데다 제빵의 전 공정을 온갖 정성을 다해 손으로 하다보니 하루에 네댓 개밖에 못 만든다. 그래서 빵을 받으려면 9년을 기다려야 하지만 빵을 주문하는 사람들은 끊이지 않는다고 한다. 그리하여, 2010년 1월에 일본 정부로부터 '사회에 감동을 준 무명의 좋은 시민상' 을 수상했으며, 같은 해 12월에는 'TV아사히' 에서 '아무리 오래 기다려도 꼭 먹고 싶은 음식 1위' 로 선정했다고 전해진다.

옛말에 '사랑만 한 음식 없고 정성만 한 양념 없다' 고 했다. 이렇게 세 시간에 걸쳐서 정성을 다한 빵을 먹고 어떻게 마음이 따뜻해지지 않는 이가 있겠는가. 사랑과 정성으로 빵을 구워 허기진 사람들의 마음에 감사와 기쁨을 듬뿍 담아 전하고, 또 그 빵을 배달받은 많은 사람들은 제2의 인생을 사는 그들 부부에게 다시 용기와 격려로 보답을 하는 가슴 뭉클한 이야기를 들으면서, 부정 · 불량 식품의 생산, 판매 난립으로 국민의 건강을 위협하고 있는 우리의 사회현상이 참으로 부끄럽고 개탄스럽다.

# 광풍제월光風霽月

청명한 하늘을 동반한 살랑살랑 부는 바람 따라 어디론가 떠나고 싶은 요즘이다. 천천히 자신과 주변을 돌아보며 다양한 사람들과 함께하고 싶은 여행자들이 늘어나면서 여행의 트렌드가 '걷기여행'으로 바뀌고 있는 듯하다. '워크홀릭Walkholic'이라는 말이 생겨날 만큼 많은 사람들이 '올레길', '둘레길'을 찾고 있고, 자연 속에서 아름다운 풍광을 즐기려는 도보여행객이 늘고 있다. 이러한 현상은 경쟁과 속도에서 벗어나 여유를 누리려는 '다운시프트 족downshift'의 증가에 기인하고 있는지도 모를 일이다.

부담 없이 걸으며 건강도 챙기고 사색과 묵상, 그리고 여유와 풍류를 즐기기엔 마산 청량산 산책길만 한 곳도 드물 것이다. 암팡진 산 정상에 오르면 마산의 진산 무학산과 마산 시가지의 전경이 한눈에 들어오고, 수림에 가려져 그늘진 능선길을 오르락내리락 거닐다 보면 어느새 세상 시름은 잊고 자연과 동화된 느낌이 든다.

선조들이 냇물이 흐르면 계정溪亭을 짓고, 냇물이 없는 동산에는 산정山亭을 지었듯이, 창원시가 전망 좋은 이곳에 아름다운 풍광과

교유하는 공간을 조성하고자 '정자亭子'를 짓기로 한 것은 바로 멋과 여유를 갈망하는 시민의 이러한 정서를 헤아렸기 때문이다.

그 옛날 선비들에게 정자의 의미는 각별했다. "십 년을 경영하여/ 초려 한 칸 지어내니/ 반가는 청풍이요 반가는 명월이라/ 강산은 들일 데 없으니/ 둘러두고 보리라"라는 조선 중기의 문신이었던 송순의 시구처럼, 정자는 맑게 부는 바람과 밝은 달을 바라보면서 마음을 개운하게 씻어낼 수 있는 곳이자 시문을 주고받는 가단歌壇의 산실이었던 것이다.

근래 들어 전원생활에 대한 관심이 높아지면서 전국 곳곳에 앞다투어 정자를 짓고 주민들이 쉼터로 활용하고 있는 광경을 흔히 볼 수 있다. 호남의 선비문화는 정자에서 만들어졌고, 영남의 선비문화는 서원에서 탄생했다는 말이 있을 정도로 예부터 정자는 호남에서 발달했고, 영남에서는 서당과 서원이 발달했다. 다시 말해 호남사림은 누각과 정자를 중심으로 예향을 형성했고, 영남사림은 서원과 서당을 중심으로 학맥을 조성했다. 또 누정樓亭에서 토론했던 주제가 문학이었다면, 서원에서의 주제는 철학이었다. 이것이 곧 호남은 '누정문화樓亭文化', 영남은 '서원문화'라고 일컫게 된 배경이라는 것이다.

호남에 정자가 많은 것은 삼국통일 이후, 백제권인 호남지방은 인재등용이 배제되었고, 현실정치에 실망해 낙향한 선비들은 물이 있고 아름다운 숲이 있는 곳에 정자를 지어 시를 읊고, 국사를 논하면서 후학들을 가르쳤는데 이것이 그 이유라고 한다.

이렇듯 정자는 단순히 사람들이 먹고 놀기 위한 기능보다는 자연인으로서 자연과 더불어 살아가려는 정신적 기능이 더 강조된 구조물이라 할 수 있다. 그러기에 이규보는 바람직한 정자의 기능으로서 손님접대도 할 수 있고 학문을 겸한 풍류도 누릴 수 있는 곳으로 생각하였다고 한다. 그저 생활의 여유를 형이상학적으로 즐기는 퇴폐성보다는 시자와 지도자의 깊은 학문을 바탕으로 한, 차원 높은 공간이라는 것이다.

이제 곧 청량산정에 그 이름만큼이나 맑고 깨끗한 풍광을 조망할 수 있는 정자 한 채가 들어설 예정이다. 계절 또한 생명의 풋풋함과 정서적 영양분을 가득 받기 좋은 가을이다. 곳간에 가득히 쌓이는 곡식만큼이나 마음이 풍성해 여유도 생긴다. 정사에 지친 옛 선비들이 머리를 식히고 시서詩書를 논하면서 광풍제월을 지향하였듯이 자연 속에서 세속적인 가치를 벗어나, 시민 모두가 주객主客의 구분 없이 서로 즐겁게 어울리면서, 마음을 열고 공동체 발전을 모색하는 '소통과 공감의 공간' 으로 가꾸어 가면 좋지 않을까.

# 남의 불행이 나의 행복(?)

얼마 전, 영암에서 열린 세계 최고의 스피드 자동차경주대회 포뮬러원(F1)에서 독일의 '돌아온 황제' 미하엘 슈마허가 러시아의 인기 선수 비탈리 페트로프와 충돌하는 사고가 발생했다. 이와 관련, 한 언론사에서는 사고 장소 주변에 자사 광고물을 집중 설치한 한 정유사가 대박을 터뜨렸다고 보도했다. 사고 장면과 함께 광고물이 방송을 타고 세계 곳곳에 알려지면서 엄청난 광고 효과를 누렸다는 것이다. 말하자면, 그 정유사가 남의 불행을 계기로 뜻밖의 행운을 잡은 것이다.

남의 고통을 바라볼 때 생겨나는 기쁜 감정을 뜻하는 '샤덴프로이데Schadenfreude' 라는 용어가 있다. '샤덴프로이데' 는 독일어 Schaden(피해)과 Freude(즐거움)의 합성어로, 남의 불행을 보고 기쁨을 느끼는 인간의 본성 중 하나라고 한다. 심술궂은 놀부의 심보 같은 이러한 심리는 인간이 오랜 생존경쟁을 거치면서 본성으로 진화했다고 말하는 사람도 있다.

일본 의학계는 2009년 임상실험을 통해 남의 불행을 보며 즐거워하는 것을 뇌과학적으로 증명했다고 한다. 뇌에서는 남의 불행이 맛있는 음식을 먹을 때 느끼는 만족감 같은 즐거움으로 받아들여진다는 것이다.

네덜란드 라이덴대학 연구팀도 이와 비슷한 연구결과를 내놔 주목을 받았다. 동료의 작은 실수에 고소함을 느끼는 것은 사람이면 누구나 평생 몇 차례는 겪는 일이지만, 연민이나 동정심 없이 남의 큰 불행에 깊은 만족을 느끼고 스트레스 해소용으로 삼는 사람도 있다고 했다.

그러고 보면, 남이 불행에 빠졌을 때 그 불행에 아랑곳하지 않고 자신의 이익을 채우는 심보는 동서고금을 막론하고 매한가지인 듯싶다. 옛말에 '서방님 시앗 보는 건 참아도 남 잘되는 건 못 본다' 는 말이 있는가 하면, 일본에는 '남의 불행은 꿀맛' 이라는 속담이 있고, 중국에도 '남의 집 불난 곳에서 새는 냄비 때운다' 는 속된 이야기가 있다. 프랑스 소설가 파스칼 브뤼크네르Pascal Bruckner(1948~ )조차도 "남의 불행을 애통해 하는 것보다 남의 행복을 함께 즐기는 것이 더 고결하다."고 했다니 하는 말이다.

하긴 남의 불행을 엿보며 위안을 얻고, 험한 일이 자신에겐 닥치지 않았음을 다행으로 여기는 게 우리네 심보가 아니던가. 세상을 살다보면 남의 실수가 뜻밖의 기회로 다가온다는 느낌을 종종 경험하곤 한다. 나의 노력이나 실력보다 상대방의 실수나 낭패로 의외의 이득을 챙기기라도 하면 여간 재수 좋은 일이 아니라고 좋아라 한다.

그렇다면 과연 '남의 불행은 나의 행복' 일까. 결론적으로 그렇지 않다는 것이다. 이와 관련하여 일본의 한 대학병원이 임상시험을 한 결과, 타인의 불행을 보면 인간은 즐거워한다는 것을 뇌과학적으로 증명하였다고 한다. 그러나 이는 일시적 반사이익의 달콤함을 누리는 것에 불과하고 결국 독이 돼 자기 자신에게 되돌아오게 마련이라고 연구진은 경고했다.

존경과 사모와 사숙이 희귀하고, 다른 사람들의 아픔에 무심한 세상이다. 나 혼자 잘살 수 있는 세상은 없다. 도미노처럼 우리는 연결되어 있기 때문이다. 남의 불행을 기대하기보다 경쟁상대와 선의의 경쟁을 통해 함께 실력을 키워야 발전할 수 있음은 자명한 사실이다. 축구계의 당대 최고를 놓고 경쟁을 펼치는 리오넬 메시와 크리스티아누 호날두의 관계가 그렇다. 그들은 경쟁을 통해서 상호 발전을 도모하고 성적도 많이 올리고 지구촌 사람들로부터 축구경기에 대한 재미와 흥미를 유발하고 있다. 상대방의 성공이 나의 성공에 시너지 효과를 발휘한다는 것을 여실히 보여주고 있는 것이다.

우리는 대체로 타인의 실수에 대해서는 냉정한 반면, 자신의 실수에 대하여는 관대하다. 누구나 살면서 한번쯤은 불편한 일을 만나기 일쑤다. 서로 아끼고 사랑하며 남의 아픔을 나의 아픔으로 느끼면서 함께 울어 줄 수 있는 그런 세상, 따뜻하고 인정이 넘치는 사회를 만들어 보자. 그것이 곧 나 자신을 위하는 일이 될 것이라고 하니….

# 단순 소박한 삶의 가치

게릴라적인 작품으로 주목받는 1974년생, 영국의 뱅크시Banksy는 물신주의에 찌들은 자본주의 상품사회와 노동계급을 착취하는 영국 정부, 그리고 영국 황실의 권위주의와 현대물질문명을 시니컬하게 풍자해 눈길을 끌고 있다.

우리가 흔히 말하는 '시니컬하다' 고 하는 말은 바로 디오게네스가 말한 '인생은 개 같은 것' 에서 유래한 것이다. 그는 온갖 물질적 허식을 배제하고 최소한의 생활필수품만으로 사는 자연상태야말로 인간에게 최고의 행복이라고 주장했다. 그래서 옷도 걸치지 않고, 신발도 없이 둥글게 생긴 나무통 속에 들어가서 굴리고 다니는가 하면, 한낮에 등불을 켜고 다니면서 '인간은 없는가?' 외치고 다녔다. 그리고 엄숙한 연설장에서 음식을 먹거나 소란을 피우고, 날고기를 먹으며 들개처럼 길거리에서 잠자는 등 빈곤 · 무치無恥의 행동 때문에 '개' 라는 별명이 생겨, 그 일파는 키니코스Cynics, 즉 견유학파犬儒學派라고 불리게 되었다고 한다.

견유학파란, 글자 그대로 '개 같은 삶을 사는 철학자들' 이라는 뜻이다. 그리고 '개 같은' 이란 뜻을 가진 그리스어 키니코스는 오늘날 시니시즘Cynicism의 뿌리가 되었는데 이것이 영어로 '냉소적' 이라는 뜻의 '시니컬cynical' 로 번역돼 유래하게 되었다는 것이다.

디오게네스가 범상한 인물이 아니라는 사실은 우리가 잘 알고 있는 대로다. 마케도니아의 왕 알렉산드로스가 그리스 도시국가 연합의 총사령관으로 선출됐을 때 명예와 부를 가진 내로라하는 분들이 코린토스로 몰려와서 축하인사를 전한다. 그러나 알렉산드로스가 기다리는 사람은 따로 있었다. 바로 철학자 디오게네스였다.

알렉산드로스가 그를 직접 찾아와서 "도와 드릴 일이 없겠습니까?"며 정중하게 물었을 때 디오게네스는 "햇살을 당신이 가리고 있으니 조금만 비켜서라."고 했고 함께 왔던 사람들은 철학자를 비웃었지만 왕은 철학자를 부러워했다. 어떤 권력 앞에서도 주눅 들지 않는 철학자의 자존감과 세속적 탐욕에서 자유로운 그 자족성에 감탄했던 것이다.

만약에 그때 디오게네스가 알렉산드로스를 따라나섰더라면 그의 인생은 완전히 달라졌을 것이다. 나무통 속이 아니라 대저택에 살면서 푸성귀 대신 고기를 먹었을 테고 옷은 일생 한 벌이 아니라 수백 벌을 고급스럽게 차려입었을 것이다.

아리스토포스는 바로 그런 삶을 살고 있는 철학자였다. 하루는 디오게네스와 동문수학하고 왕궁에 들어가 호의호식하며 지내는 동료 철학자 아리스토포스가 디오게네스를 찾아갔다. 마침 디오게네스는 막 콩깍지를 삶아 먹고 있는 중이었다. 이를 본 아리스토포스가 "왕한테 와서 고개 좀 숙이면 콩깍지를 삶아 먹지 않아도 되련만…."하고 그의 처지가 안타깝다는 듯이 말했다. 그러자 디오게네스는 "거칠게 먹고 험하게 입는 법을 조금만 알면 고개 숙이지 않아도 되는 것을…."이라며 오히려 책망했다.

아리스토포스는 인생의 목적을 '쾌락'이라고 했고, 디오게네스는 '행복'이라고 생각하면서 자유를 누리는 데에는 부도, 권력도, 명예도 그에게는 그저 걸림돌일 뿐이었던 것이다. 비록 그는 집도 없이 떠도는 부랑자라는 소리를 들었지만, 그가 이 세상을 등진 것은 결코 아니었다. 허위의식과 더불어 디오게네스의 주된 비판의 표적이 된 문명의 명제는 자꾸만 더 가지려는 탐욕이었다. 그래서 그가 지향한 것은 마음이 편안하고, 자유로우며, 단순한 삶이었다. 그리고 이는 곧, 삶에서 적게 기대할수록 실망도 적어진다는 당연한 법칙이었다.

물질문명의 폐해가 우리를 병들게 하는 오늘날, 무소유를 이상으로 하여 반문명적으로 살았던 고대 그리스의 철학자, 디오게네스의 가치관을 새삼 되새겨 보면서 청빈의 도를 실천하면서 '무소유'의 참된 가치를 널리 알려온 법정 스님의 속 깊은 뜻을 헤아려 본다.

# 레밍 효과Lemming effect를 경계하자

박영수 작가가 쓴 《어원 이야기》를 보면, 지금도 자주 쓰이는 '맹목적盲目的'이란 말이 소동파가 즐겨 먹던 돼지고기로부터 비롯되었다고 하는데, 이 말의 유래가 재미있다.

소동파蘇東坡(본명 소식蘇軾)는 이백李白·두보杜甫 등과 함께 당송 팔대가唐宋八大家의 한 사람으로, 본성이 말을 삼갈 줄 몰라서 마음속의 생각을 다 털어놓지 못하면 마치 목구멍에 음식이 걸린 것 같아 반드시 토해버려야 하는 성격이었다. 급기야는 이런 성격으로 인하여 초유의 필화사건을 일으켜 고문을 받고 유배를 당하는 지경에 이르렀던 것이다.

소동파가 쉬저우〔徐州〕・후저우〔湖州〕 등지의 지방관을 역임하던 시절이었다. 참지정사參知政事(부재상) 왕안석王安石을 중심으로 한 개혁파가 중앙정부의 물자조달을 합리화하기 위한 균륜법均輪法, 농촌에 저리자금을 융통하여 빈농을 보호하려는 청묘법青苗法 등 이른바 신법新法을 시행하자, 그로 인해 고생하는 농민들의 생활상을 시로 써 묘사하기도 했고, 후저우 지사知事로 있을 땐 조정의 정치를 비방하는 내용의 시를 짓는 등 격렬히 대항했던 것이다.

그는 귀양살이를 하는 동안 인생무상에 빠져 붓을 놓고 내면을 성찰하는 시간을 가졌다. 그러기를 5년, 그는 동쪽〔東〕 언덕〔坡〕에 있는 황무지를 일구어 '동파東坡'라 호를 짓고 스스로를 '동파거사東坡居士'라 하였다. 후세 사람들이 그를 일컫는 '소동파'라는 애칭은 이래서 생겨났다.

천성이 낙천적이고 자연을 즐겼던 그는 스스로 밀주蜜酒・계주桂酒・송실주松實酒・천문동주天門冬酒・매주梅酒・포도주葡萄酒・춘몽파주春夢坡酒 등 각종 술을 빚어 마시면서, "술은 시를 낚는 바늘이요/ 근심을 쓰는 빗자루"라는 멋진 시를 읊는 등 성격이 호방하고, 요리까지 잘해서 어디를 가든 인기가 좋았다고 한다. 특히 돼지고기를 즐겨 먹었는데, 그가 개발한 요리 중의 하나가 바로 그 유명한 '동파육'이다.

그가 기산箕山이란 곳에서 살 때에 하양에서 기른 돼지고기 맛이 매우 좋다는 소문을 듣고 하인을 시켜 몇 마리 사오도록 했다. 그러나 지독한 술꾼이었던 하인은 돌아오는 도중 술에 곯아떨어져 자다가 돼지를 모두 잃어버리고 말았다. 주인에게 혼날 것이 두려웠던 하인은 자기 돈을 몽땅 털어 가까운 농가에 가서 보통 돼지를 사갖고 왔다.

소동파는 가까운 친구들을 불러 그 돼지고기로 동파육을 만들어 잔치를 벌였고, 친구들은 당연히 하양에서 사온 맛 좋은 돼지고기려니 생각하고는 맹목적으로 고기 맛이 일품이라고 입에 침이 마르도록 칭찬했다.

하지만 잔치가 끝날 무렵 촌로 몇 사람이 찾아왔다는 전갈을 듣고 소동파가 나가보니 하인이 잃어버린 돼지를 한 마리씩 안고 있었다. 이 사실을 전해 들은 친구들은 머쓱해졌다고 하는데, 이 우스개 같은 이야기가 바로 '맹목적'이라는 말의 유래가 되었다는 것이다.

맹목적으로 남을 따라 하는 현상을 일컫는 '레밍 효과Lemming effect'라는 말이 있다. '레밍'은 스칸디나비아 반도에 서식하는 들쥐의 일종으로, 매우 이상한 집단행동을 하는 것으로 유명하다. 어느 날 우연히 몇 마리가 냅다 앞으로 달려간다. 그리고 그걸 본 다른 쥐들이 '저게 왜 뛰지?' 하며 심리적 공황상태에 빠지고, 결국 뒤처지지 않으려고 따라서 뛰기 시작하게 된다. 이에 먼저 달려가던 놈은 뒤에서 떼 지어 쫓아오는 놈들이 무서워서 더 빨리 도망가고, 쫓아가는 놈들은 낙오되지 않으려 또다시 젖 먹던 힘을 다해 추격하게 된다. 이러한 상태가 진행되면서, 그야말로 이유도 없고 목적도 없는 레이스가 벌어지게 된다. 그리고 이 필사의 레이스는 바닷가 낭떠러지로 추락하는 집단자살로 결말을 맺는다. '맹목盲目' 이라는 글자 그대로 '눈먼' 행동이 분명하다.

이처럼 맹목적인 행동은 마음의 눈을 완전히 닫아버리게 하고 그 비이성적인 행동은 비극을 낳는다. 그러니 '남들 하는 대로', 그리고 '세상이 정해준 대로' 라는 개념을 버리고, 자기 자신에 대한 믿음과 옳다고 생각하는 것에 대한 신념을 가지고 행동할 때 보람되고 가치 있는 삶을 펼칠 수 있지 않을까 생각한다.

# 루돌프 사슴 코는 왜 빨갈까?

어릴 적, 12월 25일 성탄절만 되면 산타할아버지로부터 선물을 기대하며 설레던 유년시절의 행복한 추억이 누구에게나 있을 것이다. 자라는 동심에게 크리스마스와 산타클로스는 가장 큰 기다림이자 신비 중의 하나였기 때문이다. 밤사이 머리맡에 놓여진 선물은 산타할아버지께서 주고 가신 것이라는 어머니 말씀에 신이 나면서도, 산타할아버지는 진짜 계실까? 하얀 수염이 얼굴 가득 덮고 있는 산타할아버지는 몇 살일까? 산타할아버지는 어떻게 그 많은 세상 어린이들의 선행을 알아보시고 일일이 선물을 갖다 주시는 걸까? 자못 궁금했었다.

'산타클로스' 라는 말은 4세기경 지금의 터키 지역인 소아시아 지방 리키아의 파타라시에서 출생한 세인트(성) 니콜라스의 이름에서 유래되었다고 한다. 그는 자선심이 지극한 미라의 대주교大主教로 남몰래 선행을 많이 베풀었던 인물이다. 그의 어진 행실이 노르만족을 통해 유럽으로 전해졌고, 17세기 즈음 아메리카 신대륙으로 이주한 네덜란드 사람들은 자선을 베푸는 사람을 일컬어 '산테 클라스' (성 니콜라스의 네덜란드 식 발음)라고 부르기 시작했는데 이 발음이 영어화되어 '산타클로스' 가 되었다고 한다.

기독교인의 종교적 기념일을 넘어서 오늘날, 전 세계인의 문화행사로 자리 잡은 '크리스마스' 도 그의 이러한 자선에서 유래했다고 한다. 하루는 가난한 집의 세 딸이 지참금이 없어 시집을 못 가고 있다는 사연을 듣고 금덩이를 들고 찾아갔으나 창문이 모두 닫혀 있었다. 하는 수 없이 집안과 통하는 유일한 통로인 굴뚝에 금덩이를 던졌는데 마침 세탁물을 말리기 위해 벽난로에 걸어놓은 양말 속으로 들어갔다. 얼마 후 세 자매의 집 굴뚝에서 금덩이가 떨어졌다는 소문이 전해지자, 성 니콜라스가 도움을 준 것이라는 사실을 모를 리 없는 마을 사람들은 예기치 못한 선물을 받으면 그에게 감사했고, 이것이 크리스마스의 풍습으로 자리 잡게 되었다는 것이다.

그런데 크리스마스이브에 산타의 썰매를 끄는 루돌프의 정체는 무엇일까? 또 그 코는 왜 빨갛다고 노래한 것일까? "루돌프 사슴 코는 매우 반짝이는 코…"라는 노랫말을 볼 때 루돌프는 사슴임에 틀림없다. 산타가 살고 있는 스칸디나비아에서 많은 짐을 싣고도 거뜬하게 썰매를 끌 수 있는 사슴은 전 세계 50여 종의 사슴 중에서 딱 한 종류, 바로 순록이다. 순록은 사슴류 중에서 유일하게 암수 모두 뿔을 가지고 있는 동물이다. 수컷의 몸무게는 300킬로그램까지 나가고, 힘이 세고 발굽 사이에 털이 나 있어서 빙판길에서도 미끄러지지 않고 시속 80킬로미터로 달릴 수 있다고 한다.

그리고 '루돌프 사슴 코가 빨갛다'는 이야기는 1939년 미국의 '로버트 메이'라는 동화작가가 쓴 글이 '워드'라는 한 잡지책에 실리면서 시작되었다고 한다. 그는 가난한 삼류 작가였고 치료비가 없어 병든 아내를 잃고 어린 딸을 홀로 기르고 있었다. 어느 날 딸이 그에게 친구들이 엄마 없는 아이라며 따돌린다고 슬퍼하자 아버지는 다른 사람과 다르다는 건 나쁜 게 아니라 특별한 것이라며 '루돌프 사슴 코 이야기'를 지어내서 들려줬다고 한다.

사실, 루돌프 사슴 코가 빨간 것은 코끝에 기생충이 많이 살아서 그렇다고 하는데, 아버지는 동심을 바탕으로 서정적 · 교훈적 이야기로 묘사했던 것이다. 루돌프는 코가 빨갛게 생겨서 여느 사슴들과 다른 외모 때문에 외톨이로 지내게 되었고, 오히려 빨갛지만 빛나는 코로 인하여 산타할아버지에게 발탁되어 전 세계 어린이들에게 선물을 전하며 착한 일을 하러 다니는 큰 임무를 맡게 되었다는 이야기는 외톨이가 된 딸에게 슬픔을 달래주고 꿈과 희망을 주기 위해서 만든 '아버지의 사랑' 바로 그것이었다.

어린이는 소중한 존재이다. 나라의 근간을 떠받치는 존재이기도 하다. 그러나 안타깝게도 우리 주변엔 부모로부터, 사회로부터 방임당한 채 공포에 떨다 세상을 등지게 된 아이들이 늘어나고 있다. 크리스마스를 계기로 우리 어린이들이 밝고 아름다운 꿈을 꾸게 하고, 슬기롭고 씩씩하게 자라날 수 있도록 희망과 즐거움을 안겨주는 사회가 되기를 소망해 본다.

# 모자람의 미덕

어떤 사람이 물지게에 항아리를 매달고 물을 날랐다. 오른쪽 항아리는 온전했지만, 왼쪽 항아리에는 금이 가 있었다. 그래서 주인이 물을 받아서 집으로 오면 오른쪽 항아리에는 물이 차 있었으나, 왼쪽 항아리에는 절반 가량밖에 남지 않았다. 금이 간 왼쪽 항아리는 주인에게 너무 미안했다. 자기 때문에 두 배로 더 힘들여 물을 길러야 하는 주인에게 너무 미안한 나머지 조심스럽게 입을 열었다.

"주인님… 제가 도저히 송구스러워서 견딜 수가 없습니다. 저는 금이 간 항아리입니다. 저를 버리시고 좋은 항아리, 금이 안 간 깨끗한 항아리를 새로 사서 사용하세요."

그러자 주인이 금이 간 항아리에게 이렇게 말했다. "나도 네가 금이 간 거 알고 있어. 그러나 나는 항아리를 바꿀 마음이 전혀 없단다. 우리가 물을 나르기 위해 지나온 길을 한번 보렴. 금이 가지 않은 항아리가 있는 오른쪽은 아무런 생물도 자라지 못하는 황무지가 됐구나. 하지만 네가 지나왔던 왼쪽을 한번 봐라. 네가 반쯤 금이 가서 물을 흘린 자리 위에 아름다운 꽃이 피었고 풀이 자라고 있지 않니? 비록 너는 금 간 항아리이지만, 너로 인해 많은 생명이 아름다움을 얻었구나."

이 우화는 완벽과 완성을 추구하고 효율만을 앞세우는 오늘날 우리 사회에 경종을 울린다. 사실 우리가 살아가면서 100퍼센트 만족을 느끼고 살 수는 없다. 그래서 고대 그리스의 철학자 플라톤은 행복의 조건을 완벽함에서가 아니라 부족함에서 찾고 있다. 먹고 입고 살고 싶은 수준에서 조금 부족한 재산. 모든 사람이 칭찬하기엔 약간 부족한 외모. 자신이 생각하는 절반 정도만 인정받는 명예. 세 명이 힘을 겨루면 한 사람에게는 이기고 두 사람에게는 질 정도의 체력. 연설했을 때 듣는 사람의 절반 정도만 박수를 치는 말솜씨가 그것이었다.

법정 스님도 《혼자 사는 즐거움》 중에서 "현대인의 불행은 모자람이 아니라 오히려 넘침에 있다."며 "모자람이 채워지면 고마움과 만

이 세상에서 삶을 재미있고 보람있게 만드는 것은
인간과 인간과의 관계가 아닌가?
사람 인人자에서도 알 수 있듯이
'함께'는 인생살이의 본질이고 작은 관심이 인간관계의 첩경이다.

족함을 알지만 넘침에는 고마움과 만족이 따르지 않는다."고 했다. 그리고 "우리가 불행한 것은 가진 것이 적어서가 아니라 따뜻한 가슴을 잃어 가기 때문."이라며 안타까워했다.

세상이 삭막하게 되는 것은 너무 완벽한 사람들 때문이라는 지적이 있다. 재물이든 권세든 명예든 부족함이 없는 풍족한 상태에 있으면 근심 · 걱정 · 불안에 빠지기 쉽고, 급기야는 이로 인해 불행을 초래할 수도 있게 된다는 사실은 불문가지다. 그러니 적당히 모자란 가운데 그 부족한 부분을 채우기 위해 노력하는 나날의 삶 속에 행복이 있다는, 이 고색창연한 교훈은 약삭빠르고 영악이 넘치는 요즘 세태에 비추어 볼 때 시사하는 바가 참으로 크다.

인간관계에 있어서도 마찬가지다. 사람은 자신보다 잘난 사람에겐 관심을 기울이지만 친근감은 떨어진다. 그래서 인간관계가 오래 유지되기 힘들다. 바늘로 찔러도 피 한 방울 나지 않을 것 같은, 흠 잡을 곳이 하나도 없는 사람은 인간미가 부족하기 때문이다. 어딘가 부족해 보이거나 상대방과 비슷하다는 인상을 주는 사람은 비집고 들어갈 빈틈이 있어 벗들이 많지만, 결점 하나 없이 완벽해 보이는 사람에겐 함께하려는 동지보다 시기하거나 질투하는 적이 더 많은 것도 결국 '인간미'와 관련된 문제이다.

세상을 살다보면, 빈틈없이 철두철미한 사람보다 아이러니하게도 어수룩한 사람들이 더 성공하는 경우를 본다. 이는 누구에게나 호감을 주는 정서적인 관계를 잘 형성한 것이 중요한 이유 중의 하나

일 것이다. 이 세상에서 삶을 재미있고 보람 있게 만드는 것은 인간과 인간과의 관계가 아닌가? 사람 인人자에서도 알 수 있듯이 '함께'는 인생살이의 본질이고 작은 관심이 인간관계의 첩경이다. 탐욕과 이기심으로 가득 찬 각박한 사회에서 '반편' 같다는 소리를 들으며 처신한다는 게 여간 어려운 일이 아니다. 하지만 부족함이 단순한 결락이나 결핍에 그치지 않고 내세우거나 자랑하지 않는 겸손한 태도로 양보하고 타협하면서 빈자리를 채우려는 자기 개발의 노력 속에 국량局量이 있지 않을까 싶다.

# 버리고, 닦으면 인생이 바뀐다

올겨울은 추위가 예년보다 미리 닥칠 것이고, 바람도 강하게 불어 체감온도는 몹시 떨어질 것이라고 기상청은 예보한다. 가진 것 없고 힘없는 사람들에게 겨울은 가혹하기 짝이 없다. 서민들의 아픔과 고통을 보듬어 주는 일은 공직자의 기본책무이다. '희망은 키우고 근심은 줄이겠습니다' 라는 창원시의 시정 구호는 이를 잘 설명해 주고 있다.

한파가 매섭게 몰아치던 12월 말, 행정의 사각지대에서 정부의 지원을 받지 못하는 서민들의 아픔을 체험하고, 생활실태를 파악하여 시정에 반영하고자, 의지할 데 없이 구차한 생을 하루하루 이어가는 독거노인과 거동불편 장애인 가정을 찾아가 봉사활동을 펼쳤다. 120생활민원기동대원들과 각급 자생단체 회원들이 구슬땀을 흘려가며 집 안 구석구석 켜켜이 쌓인 먼지와 묵은 때를 씻어내고 난방시설을 보수하는 등 내 집처럼 깨끗하게 정리해 드렸던 것이다.

이번 봉사활동은 기대했던 대로 소기의 성과도 거뒀다. 공직자와 주민들의 자발적인 참여로 어려운 이웃에 대한 배려와 봉사정신을 발휘했다는 점이 무엇보다도 더 보람되고 뜻 깊은 일이었다. 여기에 더해 나눔과 배려, 함께 사는 미덕을 체득하였을 뿐 아니라 외롭고 소외된 주민들에게 한 발짝 더 가까이 다가갈 수 있는 좋은 계기가 되었다는데 큰 의미가 있다.

하루 종일 장정과 봉사대원들과 함께 땀 흘려 노력한 끝에 집 같은 모습을 겨우 되찾았으나, 사람들의 왕래가 흔치 않았음인지 그들의 주거환경은 실로 경악을 금치 못했다. 그야말로 쓰레기장을 방불케 했다. 도무지 사람이 살 수 없을 것 같은 흉가나 다름없는 집에서 놀랍게도 사람이 살고 있었다. 온통 쓰레기에 한 사람이 앉을 수 있는 공간조차 없었다. 피붙이가 있기는 해도 서로 연락조차 끊겨버린 지 오래인 듯했다. 인간관계마저 끊긴 채 외로움 속에 갇혀 삶을 포기하고 있었다.

다마 미술대학 환경디자인과 교수인 마스노 슌묘 스님은 자신의 저서 《스님의 청소법》에 "인생을 바꿀 수 있는 가장 쉬운 방법은 청소"라고 적고 있다. 그런데 실제로, 청소 하나로 인생을 바꾼 사람이 있다. 바로 '청소력'의 주창자 마스다 미츠히로(舛田光洋)라는 사람이다.

그는 개인파산까지 겪으면서 인생을 포기하고 폐인처럼 힘든 나날을 보냈다. 곳곳엔 쓰레기가 쌓여만 갔고 늘어나는 잡다한 것들은 자신을 더 망가뜨렸다. 그러던 어느 날 그의 절친한 친구가 찾아와서 방 안의 것들을 치워주고 샅샅이 깨끗하게 청소를 해주었는데 신기한 변화가 일어났다. 집 안 곳곳 찌든 때를 닦아내자 어리석은 집착이 사라졌다. 책상 위에 쌓여 있던 서류 더미를 정리정돈하자 갈피를 못 잡던 일의 핵심이 뚜렷이 잡혔다. 그리곤 '과거에 대한 집착을 버리자', '지금 할 수 있는 것부터 새롭게 시작하자' 이런 각오가 생겼고 청소회사에서 아르바이트를 시작한다. 그리고 놀랍게도 6개월 만에 회사의 2인자가 됐고 몇 년도 안 되어 최고 경영자로 스카우트되었는데 바로 이때의 경험을 바탕으로 쓴 책이 '부자가 되려면 책상을 치워라'이다.

이 책은 2008년 베스트셀러가 돼서 청소전략 신드롬을 일으켰는데 눈길을 끄는 대목은 "어지러운 방은 당신의 인생이 어지럽다는 걸 말해 준다. 너저분한 책상은 당신의 업무 성과가 너저분함을 말해 준다. 부자의 책상 위엔 서류더미가 없다!"이다. 결국, 잡동사니를 버리면 시간만 낭비하던 쓸데없는 잡일을 쳐낼 수 있다는 것이 저자의 주장이다.

심리학자 도널드 노먼Donald Norman도 똑같은 주장을 하고 있다. 그는 겹겹이 쌓여 있는 엄청난 자료에 바닥이 보이지 않는 책상, 제멋대로 꽂힌 책들로 가득 찬 정신없는 방에서 연구를 하고 있는 한 학자의 사진을 보여주며 이렇게 설명한다. 학자들이나 작가들의 작업실은 복잡해 보여도 나름대로의 질서와 구조가 있어서 무엇이 어디에 있는지 정확하게 알고 있다는 점이 다르다며 "복잡함이란 이 세상의 일부분이다. 하지만 우리를 헷갈리게 해서는 안 된다. 사람들은 뭔가 복잡할 수밖에 없다는 당위성을 인정하고 나면 얼마든지 복잡함도 받아들인다. 나쁜 것은 혼란스러움이다. '복잡함'과 '혼란스러움'은 다르다. 복잡함은 이 세상의 상태이고 혼란스러움은 마음의 상태다"라고.

그렇다. "깨끗한 환경에는 비효율이 발붙일 틈이 없다"는 격언이 말해 주듯이 어쩌면 행복한 가정 만들기나 즐거운 직장 만들기도 '청소력' 하나에 달려 있는지 모를 일이다. 버리고, 닦고, 정리하는 단 세 가지 행동만으로 인생의 포인트를 찾아낼 수 있다고 하니, 새해를 맞아 하루에 30분만 투자를 하면 누구나 할 수 있는, 이 세 가지의 일을 실천해 보면 어떨까.

# 비교는
# 불행의 씨앗

지금 우리 경제는 수출부진에다 내수시장부진까지 겹쳐 이중고를 겪고 있다. 일각에서는 '경제의 허리' 에 비유되는 중산층이 붕괴되고 있다며 걱정이 이만저만 아니다.

누군가 '당신은 중산층이냐' 고 질문을 해 온다면 자신 있게 '예' 라고 답할 수 있는 사람들이 얼마나 될까? 중산층의 사전적 의미는 사회적으로 소득수준이 중간에 분류되는 계층을 말한다. 그래서 나는 여태껏, 중산층이란 안정된 생활을 빠듯하게 유지하면서 자가용도 굴리고 아이들 학비 별 걱정하지 않으면서 노후를 착실히 준비하는 사람들이라고 생각했다. 그런데 알고 보니 내 짐작은 크게 빗나갔다.

최근 우리나라의 한 경제연구소에 따르면, 월 소득은 500만 원 이상 되고, 30평 이상 되는 아파트에 살면서, 1억 원 이상 예금을 보유하고 있으며, 매년 1회 이상 해외여행을 다닐 정도로 여유가 있고, 2000cc 이상 된 중형차를 타야 중산층이라고 정의했다.

반면, 프랑스 전 대통령 퐁피두는 외국어 하나쯤 자유롭게 구사하여 폭넓은 세계 경험을 갖추고, 스포츠를 즐기거나 악기 하나쯤은 다룰 줄 알아야 하고, 별미 하나 정도는 만들어 손님 접대를 할 줄 알며, 남의 아이를 내 아이처럼 꾸짖을 수 있어야 하고, 사회정의가 흔들릴 때 이를 바로잡기 위해 나설 줄 알아야 중산층이라고 했다. 또한 영국은 중산층 기준을, 페어플레이를 하고 신념에 바탕을 둔 주장을 하며, 독선적으로 행동하지 않고, 약자를 도우며 봉사활동을 꾸준히 실천하고, 불의와 불법 등 공분에 의연히 대처하는 계층이라고 정해놓았다. 그리고 미국에서도 자신의 주장에 떳떳하고, 사회적인 약자를 도와야 하며, 부정과 불법에 저항하고, 테이블 위에 정기적으로 받아보는 비평지가 놓여 있는 자들을 중산층이라고 말하고 있다.

결국 중산층의 기준을 살펴볼 때 선진국의 경우, 남을 배려하며 의義를 행할 수 있고 정의를 구현할 여유가 있는 계층, 즉 정신적 ·

사회적 가치가 기준인데 비해, 한국은 물질적 · 경제적 능력을 기준으로 삼고 있는 것 같아 부끄럽다. 그럼에도 불구하고 상당수 우리 국민들은 스스로 중산층이라고 자기 최면을 걸고 위로하면서 살아가는 것 같아 한편으로는 다행스럽기도 하다.

행복은 '감사' 에서 오고, 불행은 '비교' 에서 온다는 말이 있다. 내 삶과 타인의 삶을 끊임없이 비교하는 것, 그래서 조금 낫다 생각되면 우월감을 느끼고 조금 못하다 싶으면 열패감에 시달리는 것이 우리를 힘들게 하는 요인이다. 비근한 예로, 나는 김치와 나물 몇 가지 반찬으로 밥을 먹는데 옆집 아무개는 매일 고기반찬을 먹는다는 사실을 알고부턴 자신이 불행하다고 느끼게 된다. 하지만 그러한 사실을 몰랐을 적에는 불행하다는 생각을 하지 않았다는 이야기가 이를 잘 반증하고 있다. 다시 말해 성패와 길흉, 빈곤하다고 여기는 것은 상대적인 것이며 비교하는 마음에서 나오는 환상일 뿐이라는 것이다.

우리는 다른 사람과 나 자신을 비교하는 것에 익숙하다. 우리가 자주 듣고 사용하는 신조어인 '엄친아(엄마친구아들)', '엄친딸(엄마친구 딸)' 은 비교를 좋아하는 한국인의 속성을 잘 드러내는 말이다. 선망의 종착역은 절망이라고 했던가. 상대방과 비교하고 다른 사람을 의식할 때마다 자신이 여러모로 부족하다는 것을 느끼게 되고, 그로 인해 불만이 쌓여 화근이 된다.

비교의 대상이 '나' 가 아니고 '남' 일 때 불행한 삶을 살 수밖에 없는 게 인생살이다. 호주의 원주민들은 생일을 축하하는 문명인들을 이해할 수 없다고 말한다. 그렇다면 당신들은 도대체 어떤 일에 대해 축하를 하느냐고 물으면, 그들은 '더 나아진 나'를 축하한다고 한다. 미래학자 다니엘 핑크도 비슷한 말을 했다. 그는, "비교하는 것은 더 나아지려는 인간의 본성이어서 버리기가 쉽지 않다. 하지만 그 비교의 대상을 타인이 아니라 '어제의 나'로 바꾸어보면 완연하게 달라질 수 있다."며 '비교'에 대한 새로운 관점을 제시한다.

다른 사람과 비교하면 누구라도 불행하게 된다. 비교는 불행의 씨앗이다. 비교하는 인생은 고달프다. 따라서 비교하는 대상은 과거의 나와 현재의 나, 혹은 현재의 나와 미래의 내가 되어야 한다. 어제보다 조금 더 발전한 나, 어제보다 조금 더 성숙한 나, 어제보다 조금 더 가슴이 넓어진 나, 오늘보다 조금 더 나은 내일을 준비하는 나를 만들고 싶다.

# 사해死海가 주는 좋은 가르침

중동의 '사해Dead Sea'가 여름철 휴양지로 각광을 받고 있다. 이 '죽음의 바다'가 세계 관광명소로 꼽힐 만큼 뭇 여행객들이 찾는 이유는 건강과 미용, 그리고 그 이상의 것이 동반하기 때문이라고 한다.

짜디짠 물 덕분에 수영을 못하는 사람도 물에 둥둥 뜰 수 있어 흥미롭고, 인체에 유용한 각종 미네랄의 농도가 높아 피부가 고와진다고 알려져 있다. 또한 공기 중에 산소 함유량이 매우 높아 머리가 맑아진다고 한다. 그야말로 오감만족 관광지인 셈이다.

그 옛날 이스라엘 왕 '다윗'과 유대 왕 '헤로데 1세'가 왕이 되기 전에 피신했던 곳으로도 유명한 사해, 클레오파트라가 마크 안토니오로 하여금 사해 지역을 정벌하게 해 얻은 소금과 진흙 머드로 그 미모를 가꿨다고 하니 사람들이 즐겨 찾는 이유를 알 것도 같다.

이스라엘과 요르단에 걸쳐 있는 '사해'는 성서에서 '염해', '아라바의 바다', '동해' 등의 이름으로 적혀 있고, 근방의 옛날 사람들은 이곳을 '소돔Sodom해'라고 불렀다고 한다.

흔히 '죄악의 도시'를 뜻하는 비유어로 쓰이는 '소돔'은 구약성경 중 창세기에 나오는 지명이다. 성경 기록에 따르면, 소돔과 그 이웃 성城인 고모라Gomorrah는 성적문란, 도덕적 타락 등으로 신의 노여움을 사서 유황불의 심판을 받아 멸망을 했다고 하는데 역사가들은 이들 두 도시가 사해 바닥에 가라앉아 있을 것이라고 추측한다.

이미 알고 있다시피 '사해'는 그 이름처럼 바다가 아니다. 호수다. 그런데도 바다라고 이름이 붙여진 데에는 그만한 까닭이 있다. 길이 80㎞, 너비 18㎞, 면적 1,020㎢, 최대수심은 396m에 이르는 등 워낙 드넓은데다가 파도까지 치니 보기에는 바다로 보이기 때문이다.

그리고 '죽음의 바다'라고 부르는 연유는 염분의 농도가 높아 생물이 살 수 없기에 지어진 이름이다. 해수면보다 400m나 낮아서 지구상에서 가장 낮은 곳에 위치한 이 호수에는 요르단 강이 흘러들지만 유출구가 없다고 한다. 물이 안으로 흘러들지만 빠져나가지 못하고 그곳에 갇혀버린다는 것이다. 대신 건조기후이기 때문에 유입수량과 거의 같은 양의 수분이 증발한다고 한다. 그로 인하여 염분 함유율이 높은데 표면수는 20%(바닷물의 약 5배), 저층수 30% 정도이고 보니 생물은 거의 살지 못하여 '사해死海'라는 명칭의 유래가 되고 있다.

그런데 많은 과학자들은 앞으로 50년 이내에 '사해'가 사라질지도 모른다고 걱정한다. 해수면의 하강은 이스라엘 건국(1948년) 이후, 농업의 확산에 따라 요르단 강 상류에 대규모 관개사업이 시행되어 농업과 인구가 증가하게 된 것이 주요 원인이라고 전문가들은 지적한다.

실제로 사해는 매년 약 1m씩 수위가 낮아지고 있고 해안선도 매년 1㎞씩 줄어들고 있다고 한다. 그야말로 '사해'가 단순히 죽은 상태를 넘어서 증발하고 있는 상황이다. 유입구만 있고 배출구가 없어서 죽은 호수 사해. 이같은 자연의 섭리는 우리에게 '받아들이기만 하지 말고 버려야 살 수 있다'는 것을 일깨워 주는 듯하다.

이충호 선생은 《사해가 주는 교훈》에서 "남에게 베풀 줄 아는 사람은 많은 이웃 사람들에게 즐거움을 주고 인정이 넘치는 풍요로운 사회를 만들어 가지만, 남에게 베풀 줄 모르는 사람은 자기 욕심만 채우기 때문에 이 세상을 인정이 메마른 삭막한 사회로 만들어 가게 되는 것이다."라고 충고하고 있다.

또한 비전과 행복과 희망의 메신저 김학중 목사도 자신의 저서 《버려야 산다》에 이렇게 적고 있다. “분노, 미움, 원망, 걱정, 불안, 절망, 교만, 질투, 편견, 다툼, 탐욕, 변명, 음란 등의 인생의 방해물을 버릴 때에만 하나님이 우리 안에서 일할 기회를 제공해 준다.”고.

# 사회적 기업의 의의

영국의 소설작가 알랭 드 보통Alain de Botton이 런던의 한 허름한 가게에 어른들을 위한 학교를 세워 큰 반향을 불러일으키고 있다. 현대인이 느끼는 불안의 원인과 해법을 파헤친 책, 《불안》을 펴내 우리에게 잘 알려진 그는, 지난 2008년 각 분야의 전문가들과 함께 뜻을 모아 이 학교를 설립했다. 주소는 런던 마치몬트가 70번지, 주의 깊게 살피지 않으면 지나칠 만큼 조그마한 가게 지하방에 강의실이 마련돼 있다고 한다. 이 작은 공간에 걸린 간판은 'The school of life', 바로 '인생학교'이다.

교과과정은 철학이나 역사 같은 지식이나 정보의 습득에 관한 과목으로 짜여진 것이 아니라 삶의 의미와 살아가는 기술에 대한 지혜를 나누는 과목으로 구성되어 있다고 한다. 사실, '지식' 은 세상에 널리 퍼져 있는 보편적인 진리이며 정보이며 이론을 의미하는 것으로서 다른 사람에게 전달하거나 습득이 용이하지만 '지혜' 란 그렇지 않다. 본인 스스로 경험을 통하거나 시행착오를 거치면서 사물의 이치나 상황을 제대로 깨닫고 응용하는 '정신능력' 을 말하는 것이기 때문에 도무지 물려주기도 나누기도 쉽지 않다.

그래서 알랭 드 보통이 선택한 방법은 비슷한 고민을 하는 사람들을 하나의 공동체로 만들고, 이들을 대상으로 공동체 구성원 각자가 직면한 현실 타개법이나 혹은, 인생설계법 같은 내용을 주제로 토론, 세미나, 강연 등 다양한 방식을 통해 생각과 사유의 폭을 넓히면서 멘토링과 커뮤니티를 제공하고 있다고 한다.

연간 개설수업은 300여 개, '혼자 시간 보내는 법' , '불안감을 극복하는 법' , '죽음에 직면하는 법' , '아이를 잘 키우는 법' , '섹스에 대해 더 깊이 생각해보기' , '온전한 정신으로 살기' , '작은 실천으로 세상 바꾸기' , '디지털 시대에 살아남기' , '인간관계' 등 다양하다. 수강료는 강좌당 20파운드(3만 4000원), 종일반은 195파운드(33만 원) 정도, 4년간 누적 수강생은 1만 5000명이라고 한다. 일종의 '사회적기업' 이라고 할 수 있다.

요즘 양극화와 실업문제가 심각한 사회문제로 대두되면서 '사회적기업' 이 지속가능한 일자리를 만드는 대안으로 떠오르고 있다. 이는, 우리 사회에 창의성과 다양성을 불러일으킬 뿐만 아니라 사회혁신을 통해 고용창출과 공익을 실현한다는 점에서 그 중요성이 강조되고 있는 것이다.

우리에게 다소 낯선, '사회적기업' 이라는 이 제도는 사실, 선진 각국에서는 40여 년 전부터 도입하여 시행하고 있는 낡은 시책이다. 우리나라에서는 경제성장이 둔화하고 고령화가 진행됨에 따라 산업구조와 가족구조가 변화하는 등 사회서비스의 수요가 증가하면서, 2003년부터 일자리창출사업 일환으로 추진되었다. 그러다가 2007년 '사회적기업 육성법' 이 제정됨으로써 점차 관심이 높아지기 시작했다. 현행법에 따르면, 유급 근로자를 고용하여 영업활동을 하여야 하며, 취약계층이 50% 이상(2013년까지는 30%) 고용되어야 하고, 사회 서비스의 50% 이상(2013년까지는 30%)을 취약계층에게 제공해야 하는 등의 조건이 만족되어야 한다. 또한 인증 전 6개월간 총 수익이 총 노무비의 30% 이상 되어야 한다.

사정이 이러함에도 '사회적기업' 에 대한 개념을 제대로 알고 있는 사람은 그리 많지 않는 것 같다. 하기야 아직 국제적으로 '사회적기업' 에 대한 보편적 정의가 존재하지 않고 있을 뿐더러 나라마다 그 개념과 요건이 다양하게 정의되고 있으니 그럴 만도 하다는 생각이 든다. 심지어 사회적기업을 일컫는 용어조차도 'Social Enterprise', 'Social Venture', 'Community Business', 'Social

Firm' 등 다양하다. 각국의 역사적 배경과 사회경제적 환경에 따라 접근방식이 상이하기 때문이다.

좌우지간 우리나라에서 정의되고 있는 '사회적기업' 이란, 비영리 조직과 영업기업의 중간 형태로, 사회적 목적을 우선적으로 추구하면서 영업 활동을 수행하는 기업 및 조직으로 규정하고 있다. 다시 말해, 영리적인 기업활동을 통해 수익을 창출하고 창출된 수익은 사회적 목적을 위해 환원하는 기업을 의미한다. 일반 기업의 목적이 이윤 추구를 목적으로 하는데 반해, 사회적기업은 취약계층에 일자리 및 사회적 가치 창출 등의 사회적 목적을 추구한다는 것이 기본 골자다.

그렇다면 왜 굳이 '기업' 이라는 말을 붙이는 것일까? 이유인 즉슨, 기부금이나 공공 기금을 일부 지원받을지언정 어느 정도 이윤을 창출할 뿐 아니라, 사회적 가치실현을 추구하면서 지속가능성을 지니고 있다는 점에서 기업과 그 형태가 유사하다는 것이다. 하지만 발생한 이윤을 주주가 가져가지 않고, 사업의 결과로 발생한 수익을 공공의 이익창출과 사회적 약자를 돕는데 사용하는 것을 목적으로 하고 있으므로 '기업의 영리성' 과 '자선의 사회성' 을 통합하여 '사회적기업' 이라고 칭한다는 것이다.

따라서 운영재원을 주로 정부 보조금이나 기부금, 회비로 충당해서 무료로 불우이웃을 돕는 '자선단체' 와 다르다. 또한, 일회성 행사에 그치는 '바자회' 와도 다르고, 발생한 이윤의 대부분을 주주가 가져가고 일부만을 사회에 환원하는 '기업의 사회적 책임' 과도 구분된다.

결론적으로, 사회적기업의 중요한 의의는 사회공동체 구성원들과 연계된 제반 문제를 함께 공유하고, 지역사회 문제를 스스로 해결하는 지혜를 모아 고용을 창출하는 것에 있다 할 것이다. 우리 사회는 갈수록 심각한 현상이 고조되어가고 있다. 경제는 더 나빠지고 일자리와 소득도 줄어, 서민들의 시름은 깊어만 가고 있다. 지금 우리 앞에 놓인 제1의 과제는, 사회적 요구와 기업의 전략적 기능을 절묘하게 응용하여 단 한 자리라도 더 많이 일자리를 만들어 서민들의 의욕을 끌어올리는 일이 아닐까 생각한다.

# 세상에 공짜는 없다

시끌벅적한 재래시장이나 싸구려 시장에 가 보면 사람을 끄는 걸쭉한 호객 소리가 장터의 흥을 달군다. '골라, 골라, 말만 잘하면 공짜' 가 그것이다. 이 말은 물론 상품을 정말로 거저 줄 수 있다는 뜻이 아니다. 사람들도 이 말에 현혹되지 않을 뿐더러, 상인에게 왜 거짓말을 하느냐고 따지지도 않는다. 상인들이 '공짜' 소리를 천연덕스럽게 입에 올리고 행인들이 '공짜' 라는 말에 개의치 않는 것은, 아마도 '공짜란 절대로 없다' 는 경제학의 가장 기본적인 법칙을 알고 있기 때문이리라.

소설가 지그 지글러Zig Ziglar 박사의 《세계의 지혜》라는 글에도 이를 뒷받침해 주는 재미있는 이야기가 있다.

> 하루는 왕이 현인들을 불러서 세계의 지혜를 정리해오라고 명했다. 현인들은 세계의 지혜를 다 모아 12권의 책으로 만들어 왔다. 그런데 왕은 분량이 너무 많으니 줄여 달라고 했다. 그래서 12권을 1권으로 줄였다. 왕은 이것도 많으니 더 줄이라고 했다. 그래서 그들은 줄이고 줄여서 1페이지로 줄였다. 왕은 다시 말하기를 이것을 한눈에 볼 수 있도록 한두 마디로 줄여보라고 해 세계의 지혜를 다섯 글자로 줄였더니 왕은 대단히 만족했다. 그것은 바로 '공짜는 없다' 였다.

이 우스개 같은 우화는 많은 교훈과 시사점을 준다. 우리의 삶도 요약하고 또 요약하면 '세상에 공짜가 없다' 는 단 한 줄이 남는다는 것을.

2012런던올림픽에서 선전을 펼친 선수들이 감동의 순간을 자아내기까지 그 과정은 무시무시하다고밖에 표현할 수 없는 엄청난 연습과 훈련이 있었다. 유도와 레슬링 선수들이 하루에 흘린 땀의 양이 10ℓ나 된다고 한다. 또 양궁 선수들이 쏜 화살은 하루 평균 400발, 배드민턴 국가대표팀이 훈련할 때 소모한 셔틀콕 수는 하루 평균 200개, 장미란 선수가 매일 들어올렸던 역도의 무게는 4만 내지

5만kg이나 된다는 것이다. 그리고 '마린보이' 박태환 선수가 하루에 50m 레인을 돈 횟수는 700번이라고 한다. 무려 3만 5000m다. 지상 60km를 걷고 뛴 셈이니 가히 놀라지 않을 수 없다.

또한 관객의 가슴을 울리는 한 편의 감동적인 영화를 만들기 위해 배우들은 그야말로 영혼을 바쳐 노력한다고 한다. 톰 행크스는 영화 〈필라델피아〉에서 에이즈 환자 역을 위해 체중을 무려 14kg이나 감량했고, 더스틴 호프만은 자폐증 환자 역을 연기하기 위해 6개월을 자폐 환자들과 함께 생활했다고 한다. 그리고 〈블랙스완〉의 여주인공 나탈리 포트만은 백조와 흑조를 동시에 연기하기 위해 반년 넘게 발레에 몰입했다고 알려졌다.

지겨울 정도로 반복되는 일상, 그리고 셀 수 없이 무수한 한계와 마주하는 사람들은 비단 이들뿐만이 아니다. "한 톨의 쌀알은 농부의 여든여덟 번 수고로 여물었고, 담장 너머 이웃과 나누는 떡 한 그릇에는 평소에 쌓은 정과 신뢰가 함께 담겼다."는 이야기는 '세상에 공짜란 없다'는 사실을 증거하고 있다.

'공짜'의 사전적 의미는 '힘이나 돈을 들이지 않고 거저 얻은 물건'이라 풀이하고 있다. 이는 거저 얻은 물건에만 해당하겠는가. 정당한 대가 없이 얻어서 사용하는 모든 것, 이를테면 수고에 대한 보답 없이 취한 타인의 재능이나 도를 넘은 복지도 상황에 따라서는 공짜의 개념으로 이해할 수 있다는 것이다.

옛말에 '무희일시지기인, 무행목전지횡재毋喜一時之欺人, 毋幸目前

땀 흘리지 않고도, 노력하지 않고도
좋고 가치 있는 것을 얻을 수 있는 길은 없다.
지름길을 찾는 사람에게는 벼랑의 위험이 기다리고 있고,
쉽게 얻으려는 사람에게는
생략한 만큼의 고난이 기다린다.

之橫財' 라고 했다. "한때 남을 속였다고 기뻐하지도 말며, 눈앞의 횡재를 운 좋다고 여기지도 마라."라는 이 경구는 '쉽게 얻은 것은 쉽게 잃고, 불의로 들어온 것 역시 허무하게 나가는 게 세상 이치' 이라는 뜻으로 이해된다. 땀 흘리지 않고도, 노력하지 않고도 좋고 가치 있는 것을 얻을 수 있는 길은 없다. 지름길을 찾는 사람에게는 벼랑의 위험이 기다리고 있고, 쉽게 얻으려는 사람에게는 생략한 만큼의 고난이 기다린다. "우리가 얻는 모든 것은 심은 대로 거둔 결과이며 이것이 자연의 법칙이다. 그러니 쉽게 편하게 단숨에 얻으려 하지 말라."는 성경 말씀이 따끔하게 들린다.

제4부
주는 사랑, 나누는 사랑

# 제4부

# 주는 사랑, 나누는 사랑

／

약속 | 선현의 향기 | 올바른 인간관계의 비결 | 요즘 자동차, 누굴 겁주려는 건가 | 익혀야 할 말, 버려야 할 말 | 일본, 도대체 제정신이 있는 나라인가 | 자기기만自己欺瞞 | 조직은 대화를 통해 성장한다 | 지성과 소신 | 진정한 친구를 갖고 싶다 | 토론식 회의가 필요한 이유 | 파워우먼 시대 | 콘클라베conclave와 한국의 지방선거 | 널뛰기 인생관 | 주는 사랑, 나누는 사랑 | 사회통합을 위한 가장 강력한 수단은 '탕평인사' | 성숙된 시민사회 구현을 | '소셜 다이닝Social Dining' 운동을 전개해 보자 | 벌새와 같은 자세로

# 약 속

식물인간이 된 여성을 42년간 간병해온, 미국 어느 가족의 헌신적인 사랑이 세상에 알려지면서 하루가 다르게 비정해져가는 지구촌을 감동의 물결로 적시고 있다.

당뇨병을 앓던 딸 에드워다가 17세가 되던 해, 그러니까 1970년 1월 3일이었다. 아침에 복용한 약의 부작용으로 응급실로 실려 갔다. 그녀는 어머니 케이에게 "엄마, 내 곁을 떠나지 말아줘요. 그래 줄 수 있죠?" 했다. 어머니는 딸을 어루만지며 "물론이지. 엄마는 절대 네 곁을 떠나지 않을 거야. 약속할게."라고 답했다. 이것이 모녀가 주고받은 마지막 대화가 됐다고 한다. 에드워다는 어머니의 약속을 듣고 난 다음, 이내 혼수상태에 빠져들어 다시는 깨어나지 못했다는 것이다.

이후, 그녀의 어머니는 식물인간이 된 딸에게 튜브를 통해 음식을 먹였고, 욕창이 생기지 않도록 두 시간마다 몸을 뒤집어주고 목욕을 시켰다. 책을 읽어주기도 하고 음악도 들려주었다. 그렇게 24시간을 딸 곁에 붙어서 쪽잠을 자면서 보살피느라 한 번도 단잠을 이룬 적이 없었다고 한다.

어머니의 약속이행은 2008년 5월 7일 끝났다. 38년간 딸을 돌봐온 바로 그 침상, 딸의 곁에서 80세 나이로 숨을 거둔 것이다. 어머니가 세상을 떠나자 동생 콜린이 그 뒤를 이어 언니를 돌보았으나 에드워다는 지난 11월 22일, 59세를 일기로 플로리다주 마이애미의 자택에서 숨을 거뒀다고 한다.

아름답고 애틋한 사랑으로 사람들의 눈물을 쏙 빼놓는 이야기가 또 있다. 앞에서 소개한 내용과 경우는 좀 다르지만 '약속을 소중히 지켰다' 는 관점에서 보면 같은 맥락으로 이해된다. 바로 〈늑대소년〉이라는 로맨스 영화이다. 2012년에 개봉한 이 영화는 1960년대 후반, 강원도의 한 산골을 배경으로 하고 있는데, 실험을 통해 생긴 늑대소년이 한 소녀와 만나게 되어 벌어지는 판타지 영화이다.

어느 날 소녀가 위험에 처하자, 늑대소년은 늑대로 변하여 소녀를 위험에서 구한다. 하지만 늑대인간의 정체가 발각되고, 온갖 음모와 위협에 시달리다가 결국 쫓겨나게 된다. 소녀 역시 늑대소년을 향한 두려움과 연민의 감정으로 갈등을 겪게 된다. 소녀가 마을을 떠나면서 '올 때까지 기다려' 라는 쪽지를 건네받은 늑대소년, 그는 자신에게 처음으로 따뜻한 손을 내밀어준 소녀가 할머니가 되어 다시 찾아올 때까지, 무려 47년이라는 기나긴 세월을 변함없는 믿음으로 기다린다. 이 영화의 키워드는 '약속' 과 '신의' 다. 늑대소년의 우직함과 순수는 온갖 이기심으로 믿음과 의리를 저버리는 오늘날 우리에게 신선하고 강한 충격으로 다가온다.

우리는 살아가면서 참 많은 약속을 한다. 인생이라는 길을 걸어가면서 가장 많이 약속을 하는 대상은 다름 아닌 바로 자기 자신이 아닌가 한다. 해마다 새해 첫날이면 저마다 소중한 꿈을 안고 힘차게 떠오르는 태양을 보면서 다짐하기도 하고, 한가위 보름달을 보면서도 마음을 굳건히 한다. 그리고 손가락에 끼운 결혼반지를 보면서 마음을 다시금 다잡게 된다. 그럼에도 또 한편으로는 그 약속을 아주 가벼이 어기기도, 어김을 당하기도 한다. 오죽하면 "약속을 지키는 최선의 방법은 약속을 하지 않는 것"이라는 속담이 있을까 싶다.

인류의 위대한 스승 소크라테스가 '악법도 법' 이라는 신념에 찬 약속을 지키기 위해 목숨까지 바쳤듯이 분명한 것은 아무리 사소한 약속일지라도 약속은 반드시 지켜야 한다는 것이다. 공자도 경제, 군대, 국민의 신뢰를 정치의 가장 중요한 요소로 꼽았다.

지금 우리 사회는 눈앞의 이익을 얻고자 공수표를 남발하는 사람이 많다. 자기가 한 약속을 하찮게 여겨 아주 쉽게 약속을 깨기 일쑤다. 약속을 깨고 나서도 염치없이 태연함이 있다. 인간관계에 있어서 가장 기본은 신뢰와 약속이다. 아무리 사소한 약속이라도 꼭 지키고 그 약속을 신뢰하는 아름다운 사회가 되기를 소망해 본다.

# 선현의 향기

국가나 사회의 건강성을 담보하고 지속 가능한 발전을 보장하는 것은 '물질' 보다 '정신' 이 우선이라는 말이 있다. 즉, 대다수 구성원들이 공유하는 시민의식과 시대정신, 세계관이 어떤 특징을 갖느냐에 의해 흥하기도 하고 쇠하기도 한다는 것이다. 생각해 보면, 우리의 선현들이 수신제가修身齊家의 실천을 통해 지역과 사회발전에 능동적으로 참여하는 인재를 양성하고, 끊임없는 자기성찰의 노력으로 삶의 지혜를 터득하도록 깨우쳐주었던 것도 바로 이러한 이유 때문이리라 싶다.

언행일치나 지행일치는 옛말이 되었고, 그로 인해 사람들 사이에 믿음이 사라지고 사회는 이기심으로 가득 채워지고 있는 요즘, 학봉 김성일 선생과 그 후손의 이야기는 진정한 우국충정이 어떤 것인지, 선비의 도리가 무엇인지를 일깨워 준다.

오늘날까지 학봉 선생의 집안이 많은 이들로부터 추앙받고 있는 것은 학봉의 고매한 인품과 덕망 때문이기도 하지만 그의 우국충정과 그러한 정신을 이어받은 후손들의 삶의 모습 때문이다.

학봉 김성일은 서애 유성룡과 함께 퇴계의 양대 제자로, 자신의 신념을 위해 목숨을 건 인물이었다. 임금 앞에서도 할 말은 하고야 마는 강직함과, 임란 전 일본에 통신사로 갔을 때 일본인들에게 보여준 조선 선비로서의 자존심과 격조 있는 자세는 오늘날까지도 많은 사람들에게 귀감으로 전해지고 있다. 학봉은 임진왜란이 일어나자 경상도병마절도사와 경상도초유사, 경상도관찰사를 차례로 지내면서 관군을 지휘했고, 진주성에서 왜군을 맞아 장렬히 싸우다 56세의 일기로 순국했다.

학봉의 후손 역시 충신열사이기는 마찬가지였다. 학봉 선생의 장손인 단곡 김시추 선생은 1621년(광해군 13) 영남 유림의 소수로 추대되어 나라의 기강을 바로잡는데 공헌했고, 정묘호란 시에는 안동 의병대장으로, 병자호란 시에는 안동 유진장으로 활약했다. 또 11대 종손인 서산 김흥락 선생은 일제가 국모를 시해하고 왕권이 흔들리자 전국 최초의 항일의병인 '안동갑오의병'을 일으켰으며, 석주 이상룡, 일송 김동삼, 기암 이중업, 공산 송준필, 성제 권상익과 같은 수많은 걸출한 독립운동가를 배출하였다.

그런데 이처럼 명망 높은 집안에 노름으로 가산을 탕진한 파락호가 있었다. 바로 학봉의 13대 종손 김용환 지사이다. 파락호破落戶란, 행세하는 집안의 자손으로 허랑방탕虛浪放蕩하여 아주 결딴난 사람을 일컫는다. 그는 대대로 내려오던 전답 18만 평을 포함해서 현 시가로 200억 원에 가까운 재산을 모두 노름으로 탕진하고 말년에는 궁핍한 생활을 면치 못했다고 한다. 심지어 외동딸이 시집을 갈 때, 시댁에서 장롱을 마련하라고 준 돈이 있었는데 이 돈마저도 노름으로 날려버렸다. 그래서 딸은 하는 수 없이 큰어머니가 쓰던 헌 장롱을 들고 울면서 시집을 갔다는 것이다. 이런 일들로 그는 안동 일대뿐 아니라 근대 조선에서 대표적인 파락호 중 한 사람으로 꼽혔던 것이다.

김용환 지사는 해방이 되고 그 이듬해에 숨을 거뒀는데, 1955년에야 왜 그처럼 치욕스런 삶을 살았는지 그 사실이 드러났다. 만주에 독립자금을 댄 독립투사였음이 사후에 밝혀졌던 것이다. 그간 탕진했다고 알려진 돈은 모두 만주 독립군에게 보내졌다. 김 지사는 일제 감시에서 벗어나기 위해 노름꾼으로 철저하게 위장하여 살면서 주색잡기, 파락호라는 불명예를 뒤집어쓰면서도 아무에게 이 사실을 밝히지 않은 채 집안사람들의 원망까지 다 끌어안고 떠났던 것이다. 임종 무렵에 이 사실을 알고 있던 독립군 동지가 머리맡에서 "이제는 만주에 돈 보낸 사실을 이야기해도 되지 않겠나?"고 하자 "선비로서 당연히 할 일을 했을 뿐인데 이야기할 필요없다."고 하면서 눈을 감았다고 한다.

뒤늦게야 아버지의 진실을 알게 된 외동딸은 부친에게 건국훈장이 추서된 1995년에 〈우리 아배 참봉 나으리〉라는 서간문을 남겼다.

… 그럭저럭 나이 차서 십육 세에 시집가니 청송 마평 서씨문에 혼인은 하였으나 신행날 받았어도 갈 수 없는 딱한 사정. 신행 때 농

사오라 시댁에서 맡긴 돈, 그 돈마저 가져가서 어디에다 쓰셨는지? 우리 아배 기다리며 신행날 늦추다가 큰어매 쓰던 헌농 신행발에 싣고 가니 주위에서 쑥덕쑥덕. 그로부터 시집살이 주눅들어 안절부절, 끝내는 귀신붙어 왔다 하여 강변 모래밭에 꺼내다가 부수어 불태우니 오동나무 삼층장이 불길은 왜 그리도 높던지, 새색시 오만간장 그 광경 어떠할꼬. 이 모든 것 우리 아배 원망하며 별난 시집 사느라고 오만 간장 녹였더니 오늘에야 알고 보니 이 모든 것 저 모든 것 독립군 자금 위해 그 많던 천석 재산 다 바쳐도 모자라서 하나뿐인 외동딸 시댁에서 보낸 농값 그것마저 다 바쳤구나. 그러면 그렇지 우리 아배 참봉나으리. 내 생각한 대로 절대 남들이 말하는 파락호 아닐진대. 우리 아배 참봉나으리….

화향천리행 인덕만년훈花香千里行, 人德萬年熏이라 했던가. 죽는 순간까지도 남을 의식하거나 자기를 내세우지 않고, 올곧은 선비의 지조로 도의道義를 실천한 선생의 참선비 정신과 선현의 향기는 자손만대까지 향긋하게 전해지리라 믿는다.

# 올바른 인간관계의 비결

인간은 사회적 동물이라고 옛 철인哲人은 말했다. 이 말은 한 개인이 완전한 삶을 영위하기 위해서는 필연적으로 사회라는 테두리 안에서 삶을 영위해 나아가야 함을 의미한다. 다시 말해, 인간은 사회 또는 공동체 속에 있어야 인간다운 인간이 될 수 있다는 뜻으로, 인간성의 회복이 시급한 오늘날 우리에게 사람과 사람 간의 관계가 얼마나 중요한 것인가를 강조한 명언이기도 하다.

삶에 있어 가장 중요한 것은 대인관계 즉, 인간관계라는 사실을 다들 잘 알고 있지만 말처럼 쉽지 않다. 오래전부터 인간관계에 대한 명언과 교훈들이 수없이 많은 것만 봐도 서로 돈독한 관계를 맺기란 그렇게 간단한 문제가 아님을 뒷받침해 주고 있다.

인간관계가 틀어지는 이유는 대개 상대방에 대한 존중과 배려부족에서 비롯되는 것 같다. 실제로, 두 사람 사이에 불화가 생겨 갈등의 골이 깊어진 자들을 만나보면 상대방을 비난하는 이유가 똑같다. 서로 상대편을 '자기만 아는 이기적인 사람', '이해할 수 없는 사람' 이라며 반목하고 적대시하는, 블랙코미디 같은 상황을 지켜보노라면 마치 이솝우화 '여우와 두루미' 가 연상되는 것 같아 말문이 막힐 때가 많다.

어릴 때 그저 재미가 있어 읽었던 그 우화, 다시금 생각해보니 참으로 심오한 이야기다. 나의 입장에서 표현하는 호의나 배려가 상대방에게는 상처가 되거나 실망감을 안겨 줄 수 있다는, 교훈을 주는 동화이다. 여우가 두루미를 식사에 초대하여 납작한 접시에 음식을 가지고 나온 것은 일부러 두루미를 약올리려고 작정했던 건 아닌 것 같다. 둘은 사이가 좋았고 여우는 정말로 호의를 가지고 두루미를 초대했으니까. 문제가 있었다면 아무 생각 없이 순전히 자기 입장에서 자기 방식대로 상대방을 대한 것뿐이다. 그런데 화가 난 두루미가 다음 날 여우를 초청해 '너도 당해봐라' 는 속셈으로 호리병에 음식을 내오는 바람에 이들 둘은 사이가 벌어지고 만다.

생각해 보면, 참 많은 인간관계의 갈등이 그렇게 시작되는 것 같다. 평소에 그저 했던 대로 행동하고 말하던 것이 오해를 불러일으키고 화근이 되는 일을 허다하게 겪고, 보지 않은가. 서로에 대한 인간적인 배려와 관심, 그리고 이해가 부족한 나머지, 자기 기준대로 판단하고 상식과 도의도 자기 기준에 맞게 선을 긋고 행동함으로써 관계는 파탄에 이르게 되는 것이다.

인간관계는 사람과 사람과의 심리적 관계이며 인격적 관계이다. 따라서 자기가 처한 입장이나 감정과 떼어놓을 수 없다. 누구나 자신의 입장, 자신의 관점에서 문제를 단편적으로 보고 행동하기 마련이다. 그러니까 내가 생각하는 방식은 순전히 나의 입장, 나의 관점이며 그것은 좁은 소견일 수 있다. 이 점을 깨닫지 못하고 경계하지 않으면 언제든 또 얼마든 상대방에게 본의 아니게 불쾌감과 상처를 줄 수 있다. 그래서 상처를 입은 상대가 똑같은 방식으로 나를 대한다면 불화는 당연히 생기는 법이다.

이렇듯 나의 발전과 앞날이 모두 바람직한 인간관계 속에서 비롯된다는 것을 새삼 깨닫게 된다. 그렇다면 인간관계를 아름답게 가꾸는 비결은 뭘까? 한 전문가는 이렇게 말한다. " 먼저 인사를 하라, '인사' 는 인간관계의 출발점이다. 칭찬을 하라, '칭찬' 은 사람에게 희망을 심어주고, 미래의 꿈의 씨앗을 심어주는 기술이다. 남의 이야기를 경청하라, 친하고 싶은 사람에게 호감을 얻기 위해서는 경청을 잘하는 것이 좋다. 남을 배려하라, 남을 챙겨주고 배려하는 사람은 대인관계에서 꼭 살아남는다. 그리고 매너는 꼭 지켜라, 기분 좋은 사람, 불쾌한 사람의 차이는 바로 매너의 차이"라는 것이다.

듣고 보니, 인간관계는 서로가 상대방의 인격을 존중하고 배려하는 가운데서 정립되어야 한다는 것으로 요해된다. 특히 샐러리맨들은 같은 공간에서 함께 일을 하다보면 뜻하지 않게 부딪히는 일이 생길 수밖에 없다. 감정도 상하기 일쑤고. 그래서 업무수행능력 못지않게 인간관계를 잘 형성해야 한다는 이야기를 늘 듣는 이유다. 인화와 협력으로 단결된 직장에는 한 차원 높은 서비스와 보람이 항상 존재할 수 있을 것이기 때문에….

# 요즘 자동차,
# 누굴 겁주려는 건가

도심 거리가 사람 중심의 보행환경으로 탈바꿈하고 있다. 도시 브랜드 이미지에 디자인 개념을 적극 도입해 보도블록을 미끄럼 저항기준에 맞춰 일제히 정비해 나가고 있다. 여기에다 안내표지판이나 도로명판 등도 말끔히 정비하고, 시내 곳곳에 화단형 중앙분리대를 설치하여 시각적인 편안함이 더해져 안전하고 품격 있는 거리로 변모하고 있다. 그야말로 자동차가 중심이 아닌 '사람이 우선되는 거리' 로 개선되고 있는 것이다.

사실, 지금의 우리나라 도로체계는 산업화의 산물이라 해도 과언이 아닐 것이다. 근대화의 물결 속에서 곧게 뻗은 격자형 도로체계를 근간으로 하는 도시개발이 곳곳에서 이뤄져 왔다. 이른바 근대도시 계획의 상징물인 도로체계는 자동차가 중심이었다. 그러다보니 도시의 도로체계는 사람과 환경의 부조화뿐만 아니라 도시 전체를 삭막하고 무표정하게 만들고 말았던 것이다.

이에 국회에서는 지난해 '보행안전 및 편의증진에 관한 법률(이하 보행법)'을 제정하였고, 각 지자체마다 '걷고 싶은 도시', '사람과 환경중심의 도로'를 설치하는 등 보행환경 증진 노력이 본격적으로 시작되었다.

'보행법'은 보행자가 안전하고 편리하게 걸을 수 있는 쾌적한 보행환경을 조성하여 각종 위험으로부터 국민의 생명과 신체를 보호하고, 국민의 삶의 질을 향상시킴으로써 공공의 복리 증진에 이바지하는 것을 목적으로 하고 있다.

보행법이 제정되기 전, 보행환경에 대한 법으로는 2009년 제정된 '교통약자의 이동편의 증진법'이 있었다. 그러나 이 법은 전체 보행환경이 아닌, 아동, 노인, 장애인 등의 교통약자를 위한 법이었고, 보행법은 전체 보행자의 보행환경을 다루고 있다는 점에서 '차량위주'의 도시에서 '사람 위주'의 도시로 변하고 있는 패러다임을 극명하게 보여주는 선진적인 법률로 평가받고 있다. 또한 보행법에서 다루고 있는 '보행환경'은, 물리적인 환경뿐만 아니라 보행자가 보행을 통해 접하게 되는 물리적, 생태적, 문화적, 역사적 요소를 모두 포함하고 있다.

그럼에도 불구하고 요즘 거리에 나서면 달리는 차들이 날렵하고 무섭게 생겨 소름이 돋는다. 자동차 헤드라이트는 맹수의 눈과 닮았고, 그릴 부분은 성난 괴물의 입과 유사하다. 미등이라도 켜면 위로 치째진 눈은 섬뜩하기조차 하다. 고급차일수록 무시무시한 자태를 지니고 있다. 뒤따라오는 차들을 보면 마치 먹잇감을 쫓는 맹수 같다. 또 행인들에게는 '지존님 나가신다. 경을 치기 전에 워이~ 길을 비켜라' 며 위협하는 것 같다. 도대체 자동차 회사들은 왜 그토록 자동차 모양을 사납게 만드는가? 누굴 겁주고 싶은 건가?

관상학에서도 눈이 큰 사람은 명랑하고 자유를 사랑하지만, 눈이 위로 치켜 올라가 눈살이 차가운 사람은 대체로 신경질적이고 혼자 잘 흥분하며, 남에게 지기 싫어하고 허영이 많아 상대의 자유를 속박한다고 설명하고 있다.

더군다나 우리나라 보행자 교통사고 사망자 수는 OECD 회원국 중 가장 높다. 한국교통연구원에 따르면, 인구 10만 명당 4.61명이 길을 걷다가 사망해 영국에 비해 4배나 많다고 한다. 그래서 그런지 몰라도, 거리를 거닐 때마다 보고 느끼는 놀라운 일 중 하나는 사람들의 표정에 웃음기가 없다는 사실이다. 분노, 노여움, 불만으로 가득 차 있는 듯하다.

21세기 초를 지배했던 자동차의 트렌드는 클래식한 모델이 주를 이루었다. 지금 전 세계 자동차업계에는 옛날 유행했던 모델을 현대적으로 복원시키고자 '복고풍' 바람이 거세게 불고 있다고 한다. 사람들이 얼굴을 성형수술하듯 함께 웃는 거리질서, 밝고 명랑한 교통문화 조성을 위해 자동차 얼굴을 순하고 착하게 만들어 줄 수는 없을까. 자동차업계에 간곡히 호소한다.

세계적인 친환경 도시의 모범으로 손꼽히는 독일의 프라이부르크 Freiburg가 많은 도시들의 모델이 되고 있는 것은 태양에너지 등 친환경 에너지를 이용하여 지구환경 지킴이 역할을 톡톡히 해내고 있기 때문이기도 하지만, 중요한 것은 자동차보다 보행자가 대접받고 있기 때문이라는 것을 간과하지 말자.

# 익혀야 할 말,
# 버려야 할 말

매일 우리가 하는 말은/ 역겨운 냄새가 아닌/ 향기로운 말로/ 향기로운 여운을 남기게 하소서/ 우리의 모든 말들이/ 이웃의 가슴에 꽂히는/ 기쁨의 꽃이 되고/ 평화의 노래가 되어/ 세상이 조금씩 더 밝아지게 하소서/ 누구에게도 도움이 될 리 없는/ 험담과 헛된 소문을/ 실어 나르지 않는 깨끗한 마음으로/ 깨끗한 말을 하게 하소서…

이해인의 시 〈매일 우리가 하는 말은〉 앞 구절에 나오는 글이다.

아닌 게 아니라, 연말이 다가오면서 각종 모임과 만남이 잦아지고 있다. 예부터 입은 화禍의 문이요, 혀는 몸을 베는 칼이라 하였거늘, 밤이 이슥하도록 세상 돌아가는 이야기에 젖어 있다가 보면 말은 무성한데 대화가 없다. 더러는 없는 사람을 도마 위에 올려 추어주기보다 상대방에게 상처 주거나 일방적이고, 듣기 거북한 말들이 난무한다. 옛말에 '남의 말이라면 쌍지팡이 짚고 나선다' 고 남의 말을 가로채거나 중간에 불쑥불쑥 마구 끼어들어 분위기를 흐리는 자도 있다. "그릇은 그 소리로서 깨어진 것을 알고 사람은 그 말로써 그의 지식을 알 수 있다."는 데모크리토스의 경구가 참으로 가슴을 칠 때가 많다.

선거판도 이와 별반 다를 게 없다. 나라의 미래 비전을 제시하기는커녕 상대방의 흠집과 약점을 자극하거나 근거 없는 의혹을 제기하며 생채기를 내느라 혈안이다. 생산적인 토론이 있어야 할 장에는 비난과 공방, 그리고 가시 돋친 말만 판을 친다.

사람과 사람 사이를 잇는 가장 큰 소통의 도구가 바로 '말' 이다. 하지만 '말' 처럼 까다롭고 어려운 것도 없는 것 같다. 사람의 입에서 나와서 사람에게 닿는 '말' 이 내 뜻과 생각 그대로 온전하게 전달될 수 없기 때문이다. "입을 지키는 자는 능력을 보전하지만 무익한 말에는 생명이 새어 나간다"는 격언처럼, 무심결에 한 말이 입 밖으로 나온 순간 제멋대로 가지를 뻗어 나가는 바람에 곤경에 처하기도 한다. 하지 못한 말보다 뱉어버린 말 때문에 후회한 적이 얼마나 많은가. 때로는 나의 원래 마음과 달리 오해를 불러일으키기도 하는 것이다. 뿐만 아니다. 같은 뜻의 말이라도 듣기에 따라서 기분이 좋아질 수도, 나빠질 수도 있고, 표현방식에 따라 꽃도 되고, 가시도 되는 경우를 우리는 흔히 경험한다.

그래서일까…. 문덕수 시인은 '언어'에 대해 이렇게 노래했다. "언어는/ 꽃잎에 닿자 한 마리 나비가 된다/ 언어는/ 소리와 뜻이 찢긴 깃발처럼/ 펄럭이다가/ 쓰러진다/ 꽃의 둘레에서/ 밀물처럼 밀려오는 언어가/ 불꽃처럼 타다간/ 꺼져도/ 어떤 언어는/ 꽃잎을 스치자 한 마리 꿀벌이/ 된다"라고.

'말이 입힌 상처는 칼이 입힌 상처보다 깊다'라는 모로코의 속담에서 보듯, 말은 신중을 기해야 함에 틀림없다. 정보, 논리, 유머 그 세 가지 가치가 없는 말은 말싸움이나 헛소리에 불과하다. 그러니 내가 하려는 말에 가치가 반영되어 있는가를 스스로 자문해 보고, 하려는 말이 부정적이거나 상황에 적절치 않다는 판단이 선다면 그 말을 입 밖에 내지 말자. 이와 더불어, 말하기 전에 잠시 멈추어 내가 하는 말이 가치가 있고 사람들에게 힘을 주는가를 신중히 생각해본 후 좀 더 긍정적이고 적절한 말을 하도록 노력하자.

이조차도 어렵다면 매일 내뱉는 말, 이왕이면 나비가 되고 꿀벌이 되는– '예' 하는 순종의 말, '제 잘못입니다' 하는 용서를 비는 말, '제가 하지요' 하는 자원의 말, '고맙습니다' 하는 감사의 말, '덕분에' 하는 남을 높이는– 그런 말을 익혀보자.

그리고 사람이 어떻게 되는가는 혀의 힘에 달려 있다고 하니 '잘 해보라' 는 비꼬는 말, '난 모르겠다' 는 책임 없는 말, '그건 해도 안 돼' 하는 소극적인 말, '네가 뭘 아느냐' 는 무시하는 말, '바빠서 못 한다' 는 핑계되는 말, '잘 되어가고 있는데 뭐 하려고 바꾸느냐' 는 안일한 말, '이 정도면 괜찮다' 는 타협하는 말, '다음에 하자' 고 미루는 말, '해보나 마나 똑같다' 고 포기하는 말, '이제 그만두자' 는 의지를 꺾는 이런 말은 이제부터라도 버리자.

# 일본, 도대체 제정신이 있는 나라인가

최근 센카쿠열도〔尖閣列島〕 문제로 중국과 일본이 격앙되어 있고, 얼마 전 이명박 대통령이 독도를 방문한 것에 대해 일본 우익단체인 '간바레 닛폰ガンバレ, ニッポン' 회원들이 시위를 벌이는 등 우리 한반도 주변에 불안한 정세가 조성되고 있다.

급기야는 노다 일본 총리가 우리 대통령 앞으로 보낸 친서에 "이명박 대통령의 다케시마 상륙"이라는 표현을 써가면서 도발적 문서를 통해 영유권을 주장한 것이다. 점입가경이다. 가만히 꼴만 보고 있으려니 공직자의 한 사람으로서 울화가 치민다.

며칠 전, 이명박 대통령은 충북 청원군 한국교원대에서 열린 '학교폭력 책임교사 워크숍' 현장을 방문한 자리에서 "아키히토(明仁) 일왕도 한국을 방문하고 싶으면 독립운동을 하다 돌아가신 분들을 찾아가서 진심으로 사과하면 좋겠다."며 "(일왕이) 한 몇 달 단어를 뭘 쓸까, 또 '통석의 염' 뭐가 어쩌고 이런 단어 하나 찾아서 올 거면 올 필요 없다."고 말했다. 이 말에 일종의 카타르시스를 느꼈다.

우리 대통령의 이 같은 발언에 일본 정부는 공식 반응을 내놓지 않았으나, 내부적으로 크게 반발하는 것으로 전해졌다. 일본 정부의 한 외교 당국자는 "믿을 수 없는 발언이다. 수년간 (양국 관계에) 악영향을 미칠 것"이라고 말했다고 〈마이니치신문〉이 이날 보도했다.

이에 아랑곳 않고 이명박 대통령은 한 걸음 더 나아가 제67주년 광복절 경축사에서 "일본군 위안부 피해자 문제는 인류의 보편적 가치와 올바른 역사에 반하는 행위"라며 한일 양국의 차원을 넘어 전시戰時 여성인권문제로 일본 정부의 책임 있는 조치를 촉구했다.

이 문제와 관련, 지난해 12월 교토 한일정상회담에서도 이 대통령은 노다 요시히코 총리에 위안부 문제를 제기했다. 그러나 노다 총리는 주한 일본 대사관 앞에 세워진 위안부 평화소녀상 철거를 요구할 뿐 묵묵부답이었다. 당시 이 대통령은 "성의 있는 조치가 없으면 할머니들이 돌아가실 때마다 제2, 제3의 동상이 세워질 것"이라고 맞선 바 있다.

종군위안부 문제는 일본의 양식良識을 볼 수 있는 척도다. 한국민들이 식민지배로 받은 고통을 진심으로 반성하고 사죄한다면 서둘러 해결해야 할 사안이다. 하지만 지금까지 일본이 내놓은 공식적인 사죄의 말은 1990년 아키히토 일왕이 표현한 '통석痛惜의 염念'이 전부다.

'통석痛惜의 염念'. 아플 통痛자와 애석할 석惜자, 생각할 염念자로 이루어졌으니 우리말로 굳이 해석한다면 '애석하고 안타깝다' 쯤으로 이해된다. 이 말은 1990년 5월 당시 노태우 대통령이 일본을 방문했을 때 아키히토 일본 왕이 일제 36년간 우리나라를 침략하여 식민지화했던 것을 반성한다는 취지의 발언을 하면서 했던 말이다.

당시 일본 왕은 "한국 국민이 겪었던 고통을 생각하면 통석의 염을 금할 수 없다."라고 말했는데, 과거의 침략전쟁에 대해 취하는 일본의 태도를 놓고 볼 때 '통석'이라는 말을 과연 '사과'나 '유감'의 뜻으로 사용하였을까? 더군다나 이 단어는 일본의 유명한 작가 이노우에 야스시(井上靖)가 만들어 낸 것이라고 하니 이러한 의구심을 지울 수가 없다.

아키히토는 과거사에 대해 사과하지 말아야 한다고 주장하는 일본 극우파와, 남의 나라를 침략했으면 당연히 사과해야 한다는 한국인들의 요구 사이에서 양쪽을 동시에 만족시킬 수 있는 '통석의 염'이라는 사전에도 나오지 않는 단어를 골라 사용했을 것으로 전문가들은 보고 있다. 생각건대, 대통령이 "통석의 염이라 할 것 같으면 일왕은 한국에 오지도 말라"고 한 것도 그래서 한 말이 아닐까 싶다.

'세계 100대 지성' 미국 뉴욕주의 바드대 석좌교수인 이언 부루마는, 일본에는 과거 자신이 일으킨 전쟁에 대한 죄의식war guilt이 없다. 한·일 연대를 가로막는 주요 원인 중 하나다. 독일과 다르다. 왜 그런가? 라는 질문에 대해 "독일은 1945년을 '0시'로 삼아 과거와 완전히 단절했지만 일본은 그렇지 못했기 때문"이라고 지적을 했다.

군국주의 시절 우리에게 저지른 만행을 사과하지 않는 일본을 볼 때마다 가증스럽기 짝이 없다. 이웃과 인류를 사랑하는 인류 보편의 가치를 무시하고, 과거의 잘못에 대해 진정으로 뉘우치지 않는 한, 이런 나라를 문명국가라고 말해서는 안 될 것이다.

비스마르크는 "현명한 사람은 남의 경험에 의해 배우고 우둔한 사람은 반드시 자기 피를 흘린 다음에 깨우친다."고 했다. 지금 한반도 전역에서 실시 중인 을지연습을 통해 급변하는 한반도 주변 정세를 주의 깊게 살펴보면서 우리 모두 선각자들의 잠언을 가슴속 깊이 되새겨 국위를 굳건히 다지는 뜻깊은 계기가 되기를 소망해 본다.

## 자기기만自己欺瞞

사람은 누구나 자신이 실제보다 더 능력 있고 매력적이라고 믿기 위해서 무의식적으로 자신을 속인다고 한다. 이러한 현상을 심리학에서는 '자기기만' 이라고 말한다. 사전적 의미에서의 자기기만은 자기가 자기를 속인다는 뜻으로 자신의 신념, 도덕, 양심에서 벗어나는 언행, 의식 · 무의식, 믿음 등이다. 또한 교양 있어 보이는 과장된 태도, 감당할 수 없는 발언 등도 자기기만이라고 정의한다.

이와 관련하여 상지대 최종덕 교수의 '자기기만의 진화론적 해석' 에서도, 영장류만큼 자기기만에 능한 생물은 없다고 적고 있다. 그리고 자기기만은 인간에게서 가장 두드러지게 나타난다고 이야기한다.

실제로 심리학자들의 실험결과를 보면 이런 주장에 고개가 끄덕여진다. 2010년 아동발달전망학회지에 게재된 연구에서는 어리게는 3세부터 아동이 자신의 실제 능력과 무관하게 스스로가 똑똑하다고 생각하고 다른 분야에서도 자신의 장점을 과장하는 '긍정적 편향' 을 보이는 것으로 나타났다. 또한, 대학 진학을 예정하고 있는 학생의 경우에 자신의 사교능력이 최고 1%에 속한다고 답한 비율은 1/4이나 되었다고 한다. 그리고 칭찬을 할 경우에는 자기기만 정도가 더 심해지는 것으로 나타났다고 한다. 칭찬을 받은 학생은 가짜 전쟁영웅이 자신이 실제로 공을 세워 훈장을 받았다고 믿는 것처럼 자신이 받을 성적을 더욱 과대 예측하는 경향을 보였다는 것이다.

성인의 경우도 마찬가지여서, 연애소설을 읽고 나서 자신의 모습을 그려보라고 하면 더 날씬하고 예쁘게 묘사한다거나, 자신의 모습을 정확하게 찍은 사진과 더 멋지거나 혹은 덜 멋지게 보이도록 보정을 섞은 다음에 자신의 상태를 가장 정확하게 표현한 사진을 고르라고 하면 대부분 실제보다 더 매력적으로 보정된 사진을 택했다고 조사됐다.

이런 심리연구결과를 종합해 볼 때, 일상생활을 통해 행하는 패션, 화장, 허세, 모두가 자기기만이라는 것이다. 특히, 사치(奢)'는 소외되거나 상실된 자신의 존재감을 물질의 소비로 표현하며 스스로를 속이는 자기기만 행위라고 한다. 그러고 보면 우리는 자기기만에 무척 친숙하다는 것을 알게 된다. 그런데 이러한 자기기만은 우리가 어떤 문제나 도전에 대처하기 위한 본능이라고 할 수 있다는 것이다. 그래서 긍정적인 측면도 있지만 부작용도 많다고 지적한다.

마이클 노튼 하버드경영대학 교수의 연구에 따르면 약간의 자기기만은 나쁘지 않지만 심한 자기기만은 매우 유해하기 때문에 중도를 찾는 것이 중요하다고 말한다. 부정적인 생각을 차단하고 미래에 성공을 즐기는 모습을 상상하거나 스스로의 능력에 대해 낙관하는 수준의 자기기만은 성과 또는 설득력 향상에 도움이 되기 때문에 바람직하다고 한다. 그러나 자기기만이 통제불가능한 습관이 되어 거짓말의 기반이 될 때도 있다고 우려한다. 더욱이 웃음은 솔직한 자기감정의 표현인데 자기기만적인 사람들은 자기감정을 솔직하게 드러내는 것을 꺼리기 때문에 웃음이 적다고 한다. 이로 인해 때로는 자신도 모르게 다른 사람들에게 상처를 주는 경우도 있다는 것이다.

따라서 자기기만이 업무나 인간관계에 피해를 주지 않게 하기 위해서는 어느 정도의 절제가 필요하지만, 실적이나 남이 보는 내 모습에 너무 집착하는 것, 나중에 해결할 거라고 스스로에게 말하면서 만성적인 문제를 피하는 것 등은 모두 '자기기만의 위험신호' 라는 것이다.

사오유에〔肖悅〕의 〈생각의 함정〉에 이런 구절이 나온다. "우리는 자신이 굉장히 중요하고 고귀하며 능력 있는 사람이라고 착각하기 쉽다. 그래서 자기 자신을 과대평가하며 객관적으로 바라보지 못하면, 갈 수 있는 길은 '실패' 의 길뿐이다. 자신의 장점과 다른 사람의 단점을 비교해서는 안 되며 자기를 좀더 부각시키고 싶어서 다른 사람을 아무것도 아닌 존재로 취급해서도 안 된다. 자신을 객관적으로 냉정하게 평가해야 한다. 자기 자신을 잘 알아야 하고 자기가 할 수 있는 일, 해야 할 일을 찾아서 열심히 해야 한다. 정말로 능력 있는 사람은 자기 자신을 과대평가할 필요가 없다. 굳이 자기 입으로 말하지 않아도 다른 사람이 인정해 줄 테니 말이다."

인간은 자신마저 속일 수 있지만, 생존과 적응 능력만큼이나 자신의 행위를 되돌아보고 반성하는 것 또한 인간의 소중한 능력이다. 사오유에가 이야기하는 '반드시 피해야 할 생각의 함정들' 을 되새겨 보면서 자기의 양심에 벗어나는 말이나 행동을 하면서 스스로를 속이고 있지는 않는지, 자신만이 최선을 다하고 있고 자신만이 올바르게 행하고 있다고 생각하는 자기 속에 갇혀 있지는 않는지 우리 모두 깊이 성찰해봐야 하지 않을까 싶다.

당신의 자기기만 정도는 어떠한지 스스로 체크해 보자.

다음에 대해 1점부터 7점까지 점수를 부여하서오
(1점은 "전혀 아님", 4점은 "어느 정도 사실", 7점은 "매우 사실")

1. 내가 타인을 보고 느끼는 첫인상은 항상 맞다.
2. 타인이 나에 대해 진심으로 어떻게 생각하는지 알고 싶지 않다.
3. 일단 내가 결정을 내리고 나면 다른 사람 때문에 의견을 바꾸는 일은 거의 없다.
4. 내 운명은 완전히 내 손에 달려 있다.
5. 나는 내가 내린 결정에 대해 절대 후회하지 않는다.
6. 나는 매우 합리적인 사람이다.
7. 나는 내 판단력에 큰 자신감을 갖고 있다.

※ 각 문장에 높은 점수를 부여한 사람일수록 자기기만 정도가 높은 경향이 있다.

# 조직은 대화를 통해 성장한다

'원탁회의' 란 문자 그대로 자리의 차례가 없이 둥근 탁자에 둘러앉아 하는 회의를 말한다. 이러한 회의방법은 6세기경 영국 아서왕King Arthur이 부하 기사들과 둥근 탁자에서 기탄없이 의견을 나눴다는 '원탁의 기사' 이야기에서 유래되었다.

아서왕은 영국을 통일하고 게르만족을 바다 너머로 쫓아낸, 구국의 영웅으로 전해지는 전설적인 왕이다. 그는 부왕父王 우서 펜드래

건과 콘월 공작의 아내인 이그레인의 불륜으로 태어났다. 그런 까닭에 자신의 출신도 모른 채 남의 손에 맡겨져 성장하다가 '이 검을 뽑아 낸 사람은 장차 왕이 될 것이다' 라는 예언대로 바위에 꽂힌 명검 엑스칼리버Excalibur를 뽑아내 왕위에 올랐다는 인물이다.

그는 국정을 논할 때면, 누가 높고 누가 낮다는 서열을 없애기 위해 원형의 탁자에 둘러앉아 서로 의견을 나누고 사안을 결정하였다고 전해진다. 긴 사각탁자에선 상 · 하석이 구분되고 주종 관계가 형성되기 때문에 자리다툼이 벌어졌고, 속마음을 털어놓지 않았기 때문이다. 그리하여 조직적 협동과 아이디어를 효과적으로 끌어내었고 그것을 국력의 원천으로 삼았다는 것이다.

'원탁의 기사' 들은 보통 때에는 유랑자들이었다. 그들은 민중들의 삶 속에 들어가서 그들과 함께 숨을 쉬고 그들과 함께 동고동락했다. 그러다가 위기가 몰아치면 어디에 있든 달려와 모두 원탁에 모여 머리를 맞대고 힘을 모아 난관을 뚫어 나갔다고 한다. 그때부터 원탁은 충돌하는 이익에 대한 평등한 조정의 상징물처럼 여겨졌고, 아서왕은 오늘날까지 영국 민주주의의 초석을 마련한 인물로 추앙받고 있다고 한다.

조직지능의 대가인 하버드대 퍼킨스 교수는 "자유로운 토론 분위기와 대화의 질이 조직의 지능을 결정한다."며 아서왕과 원탁회의 이야기를 현대적으로 재해석하여 조직 내에서의 효과적인 의사전달과 협동, 대화법을 재미있게 설명하고 있다.

조직은 대화를 통해 기능하고 성장한다고 한다. 개인의 존엄과 가치를 우선시하는 다양성의 시대에서는 자유 · 수평적 참여가 아니면 효과적인 결과를 얻기 어렵다. 너와 내가 평등한 원탁에 모여 토론할 때 서로의 거리가 좁혀져 소통과 공감을 이끌어 낼 수 있다는 것을 '아서왕과 원탁의 기사' 이야기가 증명하고 있는 것이다.

근현대사에서 유명한 원탁회의 중 하나는 1930년대 영국이 인도의 정치체제를 논의하기 위해 3차례 가진 '영국 – 인도 원탁회의' 이다. 그리고 동유럽권 몰락 당시 폴란드 자유노조연대를 이끈 레흐 바웬사가 1989년 당 · 정부 · 노조 · 지식인 대표 등 55인 원탁회의를 조직해 동유럽 사회주의권 사상 첫 비공산당 주도의 연정聯政 출범을 이뤄낸 회의 등이 있다.

우리나라에서도 원탁회의를 활용한 성공사례가 더러 있다. 우리 조상은 강강술래를 하면서 원심력을 높였고, 부여와 고구려에서는 윷놀이 판의 5가제도로 5인조 조직을 하여 일종의 원탁회의로 국력을 창출하였다는 기록이 있다. 또한, 이순신 장군이 백전백승의 위업을 달성한 것은 제승당을 설치하여 군 참모와 군졸, 민간인을 가리지 않고 다양한 계층으로부터 폭넓은 의견 수렴을 통해 지혜를 모은 것이 그 비결이라고 한다.

사람의 마음이 넓을 때는 온 우주를 다 담을 수 있는 그릇이 되지만 옹졸한 마음을 먹으면 송곳 하나 꽂을 때가 없다는 말이 있다. 상대방을 설득하고 나의 뜻을 전하기 위해서는 먼저 상대방의 마음의 문을 열게 만드는 것이 중요하다. 마음의 문이 열리면 상대방은 내 말에 집중하게 되고, 내용 또한 마음 깊이 받아들이게 된다. 따라서 '아서왕과 원탁의 기사' 처럼 참여와 소통을 바탕으로 조직 구성원 간 친밀한 관계를 유지하면서 대화와 제안, 토론을 거쳐 합리적이고 올바른 의사결정을 한다면 조직공동체의 긍정적인 상승효과를 끌어낼 수 있지 않을까 생각해 본다.

# 지성과 소신

일생 동안 우리는 다른 사람들의 영향을 받으며 살아간다. 그리고 그 과정은 의식적인 경우보다 일종의 동류의식적인 경우가 더 많다고 한다. 이는 '타인의 영향에 관한 실험' 결과에서도 사실로 확인됐다.

미국의 사회심리학자 애쉬는 7명의 실험 참가자들을 원탁에 둘러앉게 한 후에 다음과 같은 그림을 보여주고, 왼쪽 그림의 선이 오른쪽에 있는 세 개의 선 중 어느 것과 같은지 말해 보라고 했다. 답은 당연히 맨 오른쪽 그림 'C' 이다.

그런데 첫 번째 참가자는 그림을 뚫어지게 보더니, 약간 고개를 갸우뚱거리면서 'A' 라고 조심스럽게 대답했다. 그 옆의 참가자도 그랬다. 이런 식으로 7명 중 6명이 아주 진지한 태도와 표정으로 모두 'A' 라고 엉뚱한 답을 했다. 사실 이 6명은 연구자의 부탁을 받은 연기자들이었다고 한다.

이 사실을 까맣게 모르고 실험에 임한 참가자는 다른 이들의 뜻밖의 반응에 처음에는 피식 웃기도, 어이가 없다는 듯 할 말을 잊더라는 것이다. 그러나 자신이 답할 차례가 다가올수록 그림을 뚫어지게 쳐다보면서 분명히 'C' 가 맞는데 왜 다들 'A' 라고 하는지 믿을 수가 없었다는 반응을 보였다고 한다. 그리곤 소신(C)을 따를까, 그냥 마음 편히 동조(A)하고 말까 하며 망설이다가 결국 다른 사람들의 의견에 따르더라는 것이다. 이같은 실험을 계속해본 결과 실험 대상자의 약 37%가 틀린 대답에 동조했다고 한다.

옳고 그름이 분명하고, 누가 봐도 명백하게 잘못된 판단인 줄 알면서도 다른 사람이 동의하면 자신의 의견을 굽히게 된다는 사실을 확인한 셈이다. 이처럼 집단이 무언의 압력을 가하게 되면 자발적으로 자신의 신념이나 행동을 포기하고 타인의 의견을 따르게 되는 것을 '동조conformity현상'이라고 과학자들은 말한다.

공자는 화이부동和而不同을 가르치면서 "화기애애하게 지내고 조화를 이루되, 아무런 주관 없이 남의 의견이나 행동에 덩달아 날뛰고 따르면 안 된다."며 부화뇌동附和雷同을 경계했다. 군자는 남을 자기처럼 생각하므로 남과 조화를 이루지만 화합하며, 소인은 이익을 좇기 때문에 이익을 같이하는 사람과 같이 행동하지만 조화를 이루지는 못한다는 점을 타이른 것이다.

하지만 안타깝게도 작금의 집단민원 현상을 보면 성현의 말씀도 통용되지 않는 '탐욕'이 판을 치고 있다는 생각을 지울 수가 없다. 가당치도 않은 말이나 주장을 억지로 끌어다 붙여 자신의 주견이 합당하다고 우기는 경우를 종종 본다. 객관적 · 사회적 형평에 다소 어긋난다 하더라도 일차적으로 나의 요구가 제일 먼저 관철되어야 한다고 억지를 부리기도 한다.

뿐만 아니다. 이성보다는 강성의 논리에 좌우되고, 자기와 비슷한 처지에 있는 사람끼리 집단을 형성하여 자기이익에 일치되면 동조하고 그렇지 않으면 갈등을 조장한다. 자기중심적 사고가 팽배해 있다.

이러한 현상은 어디 우리 지역사회뿐이겠는가. 이는 우리나라 정치 · 경제 · 사회 모든 분야에서 나타나고 있는 심각한 부패의 모습이다.

적당히 타협하고 눈감으면 당장은 순탄하게 지낼 수 있을 것이다. 하지만 자기 양심과 시민들에게 부끄럽지 않으려면 사물의 이치나 상황을 제대로 깨닫고 그것에 현명하게 대처하면서, 무엇이 옳은지 그른지 분명하다고 판단되면 자신의 신념을 고수해야 하지 않을까? 독일인들이 헬무트 슈미트 전 서독총리를 아직도 존경하고 좋아하는 이유는 '지성과 소신'을 겸비하고 있기 때문이다.

# 진정한 친구를 갖고 싶다

"친구 사이의 우정을 두텁게 하지 않고 아무렇게나 지내는 것은 예쁜 꽃에 물을 주지 않고 시들게 내버려두는 것과 다름이 없다." 인간은 친구가 없으면 고독해지므로 우정을 수선해 나가지 않으면 안 된다며 새뮤얼 존슨이 이같이 말했다. 우리 격언에도, 나이가 들어갈수록 가장 필요한 것이 바로 '친구'라는 말이 있다. 해가 갈수록 친구들은 줄어들고, 고민을 들어주고 공감하는 이도 차츰 사라지기 마련이다. 사정이 이러하다 보니, 평생 혼자 외롭게 늙어갈지도 모른다는 두려움이 공포감으로까지 발전하고, 그 무서움을 해소하기 위해 사람들은 '벗'을 필요로 한다는 것이다.

아닌 게 아니라 얼마 전, 친구와 소주 한잔을 주고받으며 이런저런 이야기를 나누다가, 무슨 말끝에 "당신에겐 진정한 친구가 몇 명이나 있느냐?"고 묻는 것이었다. 옆에 있어주고 감싸주고 충고도 해주며 힘들 때 도움은 되지 못하더라도 걱정해 주는, 네 편이 되어 줄 수 있는 사람이 몇이나 되느냐는 것이다. 나는 그 물음에 선뜻 입을 열지 못했다. 곰곰이 행각해 보았지만 딱히 떠오르지 않았다. 서로 얼굴을 알고 지내는 이는 하고많은데 깊은 속내까지 털어놓을 수 있는 벗이 없었던 것이다. 순간, 나 자신이 초라하고 부끄럽고 후회스럽기 그지없었다.

'가장 귀중한 재산은 사려가 깊고 헌신적인 친구'라는 말대로, 친구란 서로에게 소중한 존재임에 틀림없다. 그래서 옛날에는 진정한 벗을, 나보다 더 나를 잘 아는 사람이라 하여 '제이오第二吾', 즉 '제2의 나'라고 하였고, 나를 위해 모든 것을 주선周旋해 주는 사람이라는 뜻으로 '주선인周旋人'이라고도 하였다.

또 사람들은 아주 친하다는 뜻으로 '막역莫逆'이란 말을 잘 쓴다. 막莫은 아니라는 뜻이고, 역逆은 거스른다는 의미이다. 그러니까 '막역'은 서로를 너무나 잘 알아 서로 상대방의 뜻을 거스를 일이 없는 사이라는 말이다. 내가 어떤 행동을 하든지 간에 이미 내 마음을 다 읽고 이해하므로 따로 신경 쓸 일이 없는 벗이 '막역한 벗'이

서로를 자극하고 성장시킬 수 있는 친구, 나의 잘못을 분명하게 지적하고 바로잡아주는 벗, 때로는 유치하리만큼 별것 아닌 이야기에서 서로 배꼽 잡으며 웃고, 있는 그대로 바라봐 주며 가슴을 따스하게 만들어줄 붕우, 언제나 손잡아 줄 수 있는 든든한 내 편을 갖고 싶다.

라는 것이다.

이렇듯 진정한 친구는 우연히 얻어지는 것이 아니다. 그렇다면 참된 친구를 얻기 위해선 어떡하면 될까? '이기는 대화' 작가 이서정은 이렇게 말한다. "내가 먼저 친구가 되어주고 내가 먼저 필요한 사람이 되어주면 된다."고. 결국, 누군가의 마음을 얻기 위해서는 감동을 시켜야 하며 그 감동은 진실이 담겨 있어야 한다는 것이다.

한편, 하이패밀리 대표 송길원 목사는 그의 저서 《유머 세상을 내 편으로 만드는 힘》을 통해 웃음과 유머의 힘으로 사람을, 그리고 세상을 내 편으로 만드는 길을 설파하고 있다. 송 목사의 주장을 뒷받침하듯 위대한 위인들의 일화 속에서도 유머와 웃음으로 위기를 모면하고, 적을 동지로 만들고 세상에 감동을 주었던 사례가 많이 있다.

윈스턴 처칠이 정계은퇴 후 80세를 넘어 한 파티에 참석했을 때의 일이다. 어느 부인이 "어머, 총리님. 말씀드려도 되는지… 앞 자크가 열렸네요." 그러자 처칠은 "아! 네. 고맙습니다. 근데 제가 굳이 해결하지 않아도 별 문제가 없을 겁니다. 이미 '죽은 새'는 새장 문이 열렸다고 밖으로 나올 수가 없으니까요." 이렇게 조크를 통해 많은 사람들로 하여금 폭소를 자아내면서 위기를 모면했다는 일화는 아직도 듣는 이들의 입가에 미소를 맴돌게 한다. 유머는 이처럼 타인과 나 사이에 가로놓인 벽을 허무는 묘한 마력이 담겨 있다. 그래서 현대사회에서는 '윤기 나는 생활'과 '신바람 나는 직장 분위기

조성' 을 위해 '펀fun경영' 을 중요시 여기고 있는 것이다.

하지만 친구를 사귐에 있어 내가 무엇을 해도 무조건 내 편인 사람은 경계하라는 것이 탈무드의 가르침이다. 플루타르코스도 똑같은 말을 했다. "내가 변할 때 같이 변하고, 내가 수긍할 때 같이 수긍하는, 그런 친구는 필요 없다. 그런 존재는 내 그림자면 충분하다."고. 곱씹어 볼수록 참으로 의미심장한 말이다. 내가 완전무결한 신도 아닌데 무작정 내 편을 들어주는 사람이라면 나에게 관심이 없거나 혹은 다른 의도가 있을지 모른다는 말이다. 진정한 벗은 내가 잘못 생각하고 잘못 행동했을 때 제동을 걸어주는 사람이라는 것이다.

사람과 사람 사이에 믿음이 나날이 약해져만 가는 세상이다. 인간관계가 희박해지는 안타까운 현실 속에서 낙오되지 않기 위해서라도 서로를 자극하고 성장시킬 수 있는 친구, 나의 잘못을 분명하게 지적하고 바로잡아 주는 벗, 때로는 유치하리만큼 별것 아닌 이야기에서 서로 배꼽 잡으며 웃고, 있는 그대로 바라봐 주며 가슴을 따스하게 만들어줄 붕우, 언제나 손잡아 줄 수 있는 든든한 내 편을 갖고 싶다.

# 토론식 회의가 필요한 이유

근래에 공·사조직을 막론하고 앞다투어 부르짖는 화두는 단연 '경쟁력 향상'과 '혁신'이다. 제품이나 서비스의 품질은 물론, 경영효율화를 외면하고는 급변하는 경영환경에서 살아남을 수 없기 때문이다. 하지만 정작 그 효과를 이끌어내는 '회의문화'의 개선에는 도통 관심이 없는 듯하다.

한 집단이 생산적인 조직인지 아닌지, 그리고 그 구성원이 창의적인지 아닌지를 가장 빨리 알 수 있는 방법은 그 직원들의 회의에 참석해 보라는 격언이 있다. 그만큼 오늘날 직장인들의 회의행태가 비능률적이고 소모적이라는 지적에 다름 아니다. 문제는, 회의에 참석하는 대다수 구성원들이 왜 회의를 하는지, 무엇이 주제인지도 모른 채 회의에 참석하는가 하면, 결론과 대책이 없다는 것이다. 문제점 위주의 토론식 회의가 필요한 이유가 바로 여기에 있다. 오죽하면 회의 중 가장 어려운 회의는 '아무 얘기를 해도 괜찮다 라고 얘기하는 회의' 라는 말이 있겠는가.

격식을 벗어던지고, 함께 고민하고 의견을 개진하는 토론문화가 잘 정착되지 않는 가장 큰 까닭은, 유교의 권위적인 문화에다 상명하복이 팽배한 조직문화 때문이라는 지적이 있다. 지난 30년 동안 국제회의와 정상회의 통역을 도맡았던 '소통의 달인', 최정화 한국이미지커뮤니케이션CICI 이사장에 따르면, "우리나라에서는 많은 분들이 자신이 갖고 있는 정보를 전달하는 행위를 소통으로 오인하고 있다."며 "엄밀히 말해서 그런 행위는 소통이 아니라 일방통행식 정보 전달일 뿐."이라고 꼬집는다. 따라서 "진정한 소통은 상대방과의 교감을 통해 공감에 이르는 것으로서, 열린 마음을 갖고 상대방의 말을 잘 경청해야 한다."는 것이다.

"머리보다는 마음이 통해야 생각도 더 잘 통하고, 가슴이 열려야 머리도 열린다."는 말이 있다. 토론식 회의의 장점은 무엇보다 합리적인 접점을 찾을 수 있다는 점일 것이다. 조직의 뿌리라 할 수 있는 구성원들의 개별적인 의견과 주장, 관심사 등에 대해 귀 기울임으로써 조직 활성화에 한 발 더 다가갈 수 있다는 점은 토론식 회의의 매력이기도 하다.

어느 유명한 애니메이션 회사의 사례를 보면, 어째서 경영성과가 우수한지 그 궁금증을 해소할 수 있다. 그 회사는 1주일에 한 번 회의시간을 갖는데 일상의 대화 속에서 빛나는 아이디어를 건져내고 있다고 한다. 개인별 업무추진에 대한 애로사항과 신상문제 등 속 깊은 이야기, 그리고 지난밤 술자리에서 있은 이야기에서부터 친구와 다툰 이야기까지 어떤 이야기든 할 수 있지만 단 한 가지, 남의 말을 막는 것은 안 된다. 복장은 아주 자유롭게 심지어 회의시간에 잠을 자도 괜찮다고 한다.

이른바 '하트스토밍heartstorming'을 하고 있는 것이다. 이는 마음으로 생각과 정서를 나누는 기법으로서, 구성원들의 정서를 효과적으로 이끌어내 하나로 모으는 과정이다. 조직 구성원들이 생각과 마음을 나눔으로써 비전을 향해 공감을 형성한다는 점에서, 이성적인 사고를 자극해 '머리'로 아이디어를 짜내는 브레인스토밍과 대비된다.

조직 구성원 사이에 있는 마음의 벽을 허물고 한마음 한뜻으로 즐겁게 일하는 것. 서로 존중하면서 공동의 목표를 향해 함께 나아가는 것, 이것이 바로 '하트스토밍'이다. 좋은 대화, 건설적인 토론을 위해서는 합리적인 이성은 물론 풍부한 감성을 가져야 한다고 카루소 박사(감성스킬센터의 센터장 : David R. Caruso)는 강조한다.

그러면서 감정인식능력, 감정활용능력, 감정이해능력, 감정관리능력 등 감성스킬을 높일 것을 제시한다.

세상은 이미 사람과 조직을 끌어당기는 하트스토밍이 필요한, 감성 비즈니스의 시대로 변화되었다. 경쟁에서 살아남기 위해서는 조직 구성원 사이에 정서적 연대감을 두텁게 쌓아 유연하고 창의적인 조직문화를 만드는 노력을 이 시대는 요구하고 있다. 가슴을 열어젖히고 서로 마음의 채널을 맞춰보자. 그러면 자연히 이해와 공감의 통로가 연결되고, 풀리지 않던 문제를 풀 수 있는 실마리도 찾을 수 있고, 스스로를 돌아볼 수 있는 자성의 소리도 들을 수 있으리라.

# 파워우먼 시대

조원기 저서 《내 삶의 열정을 채워주는 성공학 사전》에는 이런 대목이 나온다. "서커스단에서는 고양이를 훈련시킬 때, 허튼 곳으로 뛰지 못하도록 제일 먼저 유리 천장을 만든다. 달아나려고 점프를 할 때마다 천정에 머리를 부딪치면서 고양이는 '너무 높이 뛰었더니 머리가 아프잖아, 앞으로는 낮게 뛰어야겠다." 라는 생각을 하게 되고, 이렇게 훈련되면 천장이 없어져도 고양이들이 달아날 열려가 없다고 한다." 이른바 '유리천장 효과' 이다.

'유리천장glass ceiling현상' 이란, 불평등한 제도나 인식상의 고정

관념 등으로 인해 여성과 소수민족 같은, 사회 내 비주류 세력들의 고위직 진출이 차단된 상태를 비유하는 뜻이다. 어떤 이들은 계급, 계층 간에 보이지는 않지만 존재하는 차별적 대우와 편견 전반으로 그 의미를 확대하기도 한다. 사회적 지위향상의 길에서 분명 눈으로는 '위' 가 보이지만, 막상 올라가려 하면 보이지 않는 장벽, 즉 유리천장에 머리를 부딪쳐 올라갈 길이 없다는 의미이다.

하지만, 미래학자 존 나이스비트는 21세기를 '3F의 시대' 라고 했다. 3F란, 가상Fiction, 감성Feeling, 여성Female을 의미한다. 강인한 힘과 통솔력, 권위주의로 대변되는 남성 리더십의 시대가 가고 부드러움, 포용력, 배려와 공감을 특징으로 하는 여성 리더십 시대가 열렸다는 것이다.

이를 뒷받침하듯, 이미 세계 각국의 여성 지도자들은 국제무대에서 맹활약하고 있다. 현재 여성 지도자 중 국왕이나 총독을 제외한 국가최고정치지도자는 박근혜 당선인을 포함하여 모두 20여 명에 달한다. 앙겔라 메르켈 독일 총리, 지우마 호세프 브라질 대통령, 줄리아 길러드 호주 총리, 크리스티나 페르난데스 아르헨티나 대통령, 잉락 친나왓 태국 총리, 세이크 하시나 방글라데시 총리, 라우라 친치야 코스타리카 대통령, 헬레 토르닝슈미트 덴마크 총리 등이 세계를 움직이고 있다. 바야흐로 '여인천하시대' 가 열린 것이다.

우리 사회도 언제부터인가 여성의 사회진출이 두드러지게 나타나고 있다. 이제 여성은 사회 모든 영역에서 중요한 자원으로 주목받고 있다. 특히, 여성들의 경제활동이 활발해지면서 여성CEO가 증가하고 전문직 종사자도 늘고 있다. 여성은 남성보다 섬세하고 부정부패에 잘 영합하지 않을 뿐더러 정치적 영향력도 기대할 수 있기에 여성의 CEO 진출이나 정계진출이 긍정적으로 받아들여지고 있다는 것이다. 자연히 '유리천장을 걷어내라' 는 목소리가 높은 이유다.

최근 통계청에 따르면 여성 고용주는 2.8% 증가했다. 반면 남성 고용주는 1.2% 감소했다. 여성 창업은 음식 · 숙박업이나 도 · 소매업소 등 규모가 작은 생계형 창업이 대부분이지만, 최근에는 디자인 · 전시 · 컨벤션 · 홍보 등 여성들의 장점을 살린 전문업종 창업이 늘고 있다. 여성의 사회진출이 늘어나면서 육아와 가사를 남녀가 분담하는 사례가 늘고 있고, 요리 · 세탁 · 부엌일을 아예 남편이 전담하는 사례도 늘고 있다. 한 가지 걱정스러운 부분이 있다면 저출산 문제이다. 여성의 사회활동이 늘어나면서 출산율이 감소돼 성장엔진이 정체된 것은 시급히 풀어야 할 숙제가 아닐 수 없다.

아무튼, 여성으로서의 한계를 극복하면서 오로지 실력으로 '유리천장' 을 부숴버린 한국의 '파워우먼' 들이 많이 늘어났다는 사실은 매우 고무적인 현상이 아닐 수 없다. 그들은 성공비결을 묻는 질문에 이렇게 대답한다. "진정한 힘power은 끊임없는 도전과 의지력으로 자신과의 싸움에서 이겼을 때 발휘된다."며 "남성들의 변화무쌍한 인맥문화에 흔들리지 말고, 지식과 경험을 차곡차곡 축적하는 노력이 필요하다."라고.

"세계 성장을 위한 부가자원이 있다면, 그건 '여성'이다." 김용 세계은행 총재가 한 말이다. 이 시대 인류사회 발전을 견인할 새로운 자원은 '강력하고 부드럽고 섬세함'이라는 뜻으로도 이해된다. 아직도 여성이라서 어렵고 할 수 없다며 스스로 자신이 만든 유리천장에 갇혀 있지는 않은지, 그리고 여성의 능력을 인정하지 않고 남성의 보조역할 정도로만 인식하거나, 남성과 여성이 할 일이 따로 있다고 생각하여 고정된 성性역할에 자신을 맞추어 살아가려고 하는 남성은 없는지 살펴볼 일이다.

# 콘클라베conclave와 한국의 지방선거

2013년 3월 13일 저녁, 마침내 바티칸 시스티나 성당 굴뚝에서 새 교황 선출을 알리는 '흰 연기'가 피어올랐다. 콘클라베 개막 이틀 만에, 다섯 차례의 투표 끝에 아르헨티나의 호르헤 마리오 베르골리오(77) 추기경이 새 교황으로 선출된 것이다. 프란치스코 1세라는 즉위명을 선택한 교황은 시리아 출신 그레고리오 3세(731년) 이후 1282년 만에 첫 비유럽권 교황이자, 사상 첫 남미 출신 교황이다. 이번 교황선거에서 투표권을 가진 추기경은 80

세 미만으로서 유럽지역 60명을 포함하여 중남미 19명, 북미 14명, 아프리카 11명, 아시아 10명, 오세아니아 1명 등 115명이었다.

교황은 바티칸시국의 입법권과 행정권, 사법권을 가지며 국제관계에서는 '성좌' 라는 명칭으로 외교활동을 펼친다. 교황이 서거하거나 궐위가 되면 20일 이내에 새 교황을 선출해야 하는데 교황을 선출하기 위해 전 세계 추기경들이 참석해서 여는 비밀투표회의를 콘클라베라고 한다. 라틴어 콘클라베는 Con(with : …와 함께)과 Claus(Key : 열쇠)의 합성어로 '자물쇠가 채워진 방' 을 의미한다. 이 말은 교황 선거 때 교황을 선출할 추기경단이 모두 선거회의장에 들어가면 교황이 선출될 때까지 일체 외부와의 단절됨을 표현한다. 그리고, 그 안에서 일어나는 모든 것들을 일체 비밀로 함을 의미한다.

실제로 비밀투표 즉, 콘클라베가 시작되면 회의가 열리는 시스티나 경당Sistine Chapel의 청동문이 봉쇄되고 모든 문과 창문도 납으로 봉인한다. 추기경들은 2/3 이상 표를 얻는 사람이 나올 때까지 계속 투표를 한다. 콘클라베 중에는 외부와의 접촉이 엄격히 차단되며 휴대전화 사용은 물론, 도청 등을 방지하기 위해 전자파 차단 장치도 설치된다.

외부와의 접촉을 금한 것은 로마 황제나 독일의 왕이 교황선출에 관여하여온 전통을 끊기 위해서였다고 한다. 그리고 음식은 물과 빵, 포도주 정도만 제공되는데, 음식물을 제한한 것은 중세 때 콘클라베가 계속 늘어지면서 심지어 몇 년씩 걸리다보니 빨리 끝내도록 압박하기 위한 수단이라고 한다. 그럼에도 불구하고 한 번의 투표에서 선출이 끝난 경우는 1939년 비오 12세 선출 이후 한 번도 없었다. 베네딕토 16세 때에는 네 차례, 요한 바오르 2세 때에는 여덟 차례 투표 끝에 교황이 정해졌다. 가장 오랜 시간이 걸려 선출된 교황은 그레고리오 10세로 1268년부터 1270년까지 2년 9개월에 걸쳐 콘클라베가 열렸다고 한다.

콘클라베 동안 대규모 사상자가 발생한 경우도 있다. 1623년에 열린 콘클라베에서는 한여름 찌는 듯한 날씨 때문에 19일 동안 말라리아로 추기경 8명과 보좌진 40여 명이 사망했다고 한다. 노령의 추기경은 상당히 힘든 여정이다. 콘클라베에 참석할 수 있는 자격을 80세 이하로 제한하고 있는 이유다.

선거방법은 비밀투표이며, 첫날에는 오후에만, 둘째 날에는 오전 오후 두 차례 실시된다. 처음에는 후보가 정해지지 않은 상태에서 투표가 시작되고 점차 표가 많이 나온 후보에게 몰아주는 식이 된다. 만약에 투표가 일곱 차례가 실시됐는데도 교황이 선출되지 않으면 최다 득표 추기경 두 명만 놓고 다시 투표가 진행되고, 과반수가 넘은 추기경을 교황으로 선출한다. 투표용지를 태운 연기로 선거 결과를 알리는데, 지붕 위 굴뚝에서 검은 연기가 나면 미결, 흰 연기가 나면 새 교황이 탄생했다는 뜻이다. 이때 종도 함께 울린다. 콘클라베의 투표결과는 교황의 명령이 있을 때만 공개되기 때문에 정확히 몇 표를 얻었는지는 영원히 공개되지 않는 게 일반적이다.

교황선출 방식의 선거제도는 우리에게 그다지 낯선 제도가 아니다. 지방자치제도가 부활하면서 대부분의 지방자치단체에서는 교황선거conclave방식을 도입하여 지방의회 의장단을 선출하고 있다. 성스런 종교 지도자를 뽑기 위한 엄격한 선거방식이 지방의회에 도입된 취지는, 외부의 압력이나 간섭을 배제시키고 구성원간 자유스런 분위기 속에서 도덕적이고 양심적으로 의장단을 선출하도록 한 것으로 보인다.

하지만 요즘 들어 많은 지방자치단체에서는 지방의회 의장단 선출에 따른 폐단을 없애기 위해 교황선출방식을 개선하고 있다. 여기에 더해, 지방선거에서 정당공천을 둘러싼 논란도 그 열기를 더하고 있다. 정치권뿐만 아니라 시민단체들까지 가세해 '정당공천제' 문제를 도마 위에 올렸다. 지방정치의 중앙정치 예속화, 지방분권과 독립성의 훼손, 정쟁으로 인한 지방행정의 혼란 등 폐해가 도를 넘은데다가 의원 간 야합과 배신, 뒷거래 등의 심각한 부작용을 낳고 있기 때문이다.

지난 18대 대선 당시 여 · 야는 한결같이 자치단체장과 지방의회 의원의 '정당공천 철폐' 를 공약한 사실을 우리는 똑똑히 기억하고 있다. 모쪼록 정당개혁, 정치혁신의 중요한 시점에 진입하는 전조를 보이고 있다. 지방자치는 주민이 직접 뽑은 대표가 지역주민의 이익을 진정으로 대변할 때 정착되고 완성된다. 민주주의와 지방분권을 기반으로 하는 풀뿌리지방자치가 주권재민에 기초한 참된 주민자치, 생활자치로 거듭날 수 있도록 국민의 눈높이에 걸맞는 정치혁신이 이루어지길 기대해 본다.

# 널뛰기 인생관

정월 대보름 날을 맞아 시민들이 널뛰기를 하면서 즐거워하는 장면이 보도돼 옛 생각을 떠올리게 했다. 이젠 보기조차 힘든 추억 속의 놀이가 되었지만 제기차기와 연날리기며 쥐불놀이와 자치기, 윷놀이, 그네뛰기, 구슬치기, 줄다리기 등은 온 가족과 동네 사람들이 한데 어우러져 신명나게 즐기던 풍물놀이였다. 그중에서도 널뛰기는 우리나라 여성들이 설날이나 단오, 추석 등 명절날 가장 즐겨하는 놀이 가운데 하나였지 싶다.

널뛰기는 '도판희', '초판희', 또는 '판무' 라고도 한다. 널뛰기의 유래에 대하여는 확실한 자료를 찾기가 힘드나, 고려시대부터 전승되었을 것으로 학계에서는 추정하고 있다. 서양에서도 '시소 seesaw' 라는 놀이가 있기는 하지만 중국이나 일본 등 이웃 나라에는 비슷한 놀이를 찾아보기 힘든 것으로 미루어 우리만의 고유한 놀이였지 않나 하는 게 일반적인 견해다.

속설에 따르면 부녀자의 외출이 자유롭지 못했던 봉건시대 때, 담장 밖의 세상 풍경과 거리의 남자를 몰래 보기 위해서 아낙들이 이 놀이를 창안하였다는 설과 높은 담장 저편에 갇혀 있는 옥중의 남편을 보려는 아내들이 번갈아 널뛰기를 하면서 그리운 남편의 얼굴을 보곤 했다는 설화가 있다. 이 밖에 처녀시절에 널을 뛰지 않으면 시집을 가서 아기를 낳지 못한다거나, 정초에 널뛰기를 하면 일년 내내 가시에 찔리지 않는다는 속신俗信도 있다.

그런가 하면, 어떤 자료에는 곡식이 잘되기 위해 여자들로 하여금 널을 뛰게 하였다는 이야기도 있다. '형네 집서 콩 하나를 얻어다가 심었더니/ 콩 한 되가 되었네/ 한 되를 심었더니/ 한 말이 되었네/ 한 말을 심었더니/ 한 섬이 되었네' 라는 전남 화순지방의 널뛰기노래가 이를 반영한다. 이렇듯 널뛰기에 대한 속설과 설화, 그리고 노래가사 등을 볼 때, 널뛰기가 단순한 유희가 아니라 여성들의 신체단련은 물론, 풍년을 기원하는 뜻이 깃들어 있었던 것으로 보인다.

아무튼, 여성들의 문밖출입이 자유롭지 못하던 그 시절, 명절 때만큼은 인습에서 자유로웠던 모양이다. 규방에 갇혀 살던 아낙들이 설빔을 곱게 차려입고 마음껏 즐기며 맵시를 자랑할 수 있었다고 한다. 조선시대 실학자 유득공이 쓴 시에서도 그러한 풍경이 잘 묘사돼 있다. '널뛰는 아가씨들/ 울긋불긋 차렸구나/ 뛰고 굴러 서로 높이 오르려고/ 담 너머 얼굴 뵈는 것 부끄러운 줄 모르네' 라는 구절에서도, 곱게 단장한 처녀들이 널을 뛸 때마다 휘날리는 치맛자락과 옷고름이 빚어낸 아름다운 정초 풍경이 그려진다. 댕기머리띠가 깃발처럼 펄럭이면서 담장 위로 솟아오를 때 이 모습을 바라보던 동네 총각들의 가슴도 함께 뛰었으리라.

이어령 선생에 따르면, 널뛰기는 '협력이 경쟁이 되고 경쟁이 협력이 되는 놀이' 이다. 상대가 구르기 전에 먼저 뛰어오르거나 굴러주는데도 가만히 서 있으면 놀이가 불가능하다. 서로의 반동을 이용한다 해도 리듬과 호흡을 맞추지 않고서는 사뿐히 솟아오를 수 없다. 상대방이 높이 솟구쳐 다시 떨어지는 낙차의 크기만큼 내가 솟아오를 수 있기 때문이다.

이러한 널뛰기의 '경쟁-협력의 원리' 는 박재선 전 강원대 교수의 좌우명과도 통한다. 그는 인생의 가치관에 대해 이렇게 설명한다. 널뛰기에서 상대를 높이 띄워준 만큼 내가 저절로 올라가는 법이니, 자신이 한 치라도 더 높이 솟아오르려면 상대방이 높이 오르도록 힘껏 굴러줘야 하고, 널빤지에서 떨어지지 않도록 서로 균형과 장단을 잘 맞춰줘야 하듯, 내가 존중받고 싶으면 나도 상대를 존중해줄 수 있어야 하며, 내가 섬김받고 싶으면 내가 먼저 상대방을 섬기고 사랑해야 한다고. 결국 바람직한 인간관계란 널뛰기처럼 누가 더 높이 오르나 겨루는 경쟁자이면서 동시에 협력자가 되어야만 한다는 것이 그의 세계관이다. 참으로 공감하는 말이 아닐 수 없다.

지식정보화시대에서는 경쟁만으로는 성공할 수 없다는 것이 대다수 학자들의 견해이다. 경영학에서조차 'copetition' 이라는 신조어가 새롭게 등장했다고 한다. 협력을 뜻하는 cooperation과 경쟁을 뜻하는 competition을 결합한 단어이다. 서로 힘껏 굴러주자. 그리고 선의의 경쟁을 하되 공동체 구성원 모두는 우리의 동반자이자 협력자라는 사실을 잊지 말자.

# 주는 사랑, 나누는 사랑

헤르만 헤세의 소설 중에 〈아우구스투스〉라는 단편이 있다. 그 줄거리는 이렇다. 결혼한 지 얼마 되지 않아서 남편을 잃은 엘리자베스라는 여자는 의지할 데도 없이 가난하게 살았다. 그녀는 임신 중이었다. 아우구스투스가 태어나자 그의 어머니는 이웃집 노인 빈스반겔에게 아이의 대부가 되어주기를 부탁했고 그는 이 부탁을 받아들였다. 엘리자베스는 유복자인 아우구스투스에 대한 집착이 컸다.

빈스반겔은 천사와 같은 존재로 착한 엘리자베스 부인에게 딱 한 가지 소원을 들어주기로 약속했다. 엘리자베스 부인은 요람 곁에 앉아 아기를 위해 무엇이 가장 가치 있는 소원일지 깊은 고민에 빠졌다. 아기를 부자로 만들어 달라는 것이 어떨까. 아기를 아름답게 자라도록 해 달라는 건 어떨까. 힘이 세게 해 달라면 어떨까. 총명하고 슬기롭게 자라도록 해 달라면 어떨까…, 오랫동안 생각 끝에 이런 소원을 빌었다. '모두들 너를 사랑하지 않고는 견딜 수 없게….' 라고.

그리고 아우구스투스는 튼튼하게 자라났다. 그는 어머니가 바라던 대로 어느 곳에서나 사람들의 호감을 샀다. 정원에서 꽃을 따더라도 사람들은 그를 용서해 주었다. 모든 일이 그가 생각한대로 되어갔다. 여자들은 애정을 가지고 그의 곁을 둘러싸고 친구들도 그에게 무조건 열중했다.

그러나 아무런 부족함이 없는 삶이 곧 불행이었다. 어머니의 기도에 의해 모든 이에게 사랑받는 아이로 태어난 아우구스투스. 그런데 문제는 정작 모든 이의 사랑을 받는 이 아우구스투스는 아무도 사랑할 줄 모른다는 거였다. 점차 거만해져서 사랑을 하찮은 것으로 여겼다. 아우구스투스의 마음은 공허하고 영혼은 병들어 갔다. 도덕이나 성실은 그에게 도무지 어울리지 않는 덕목이었다. 정숙한 여자를 유혹하거나, 진실한 사람들을 우롱하고 귀족 가문의 청년들을 타락의 길로 유혹했다. 그는 미덕을 발로 짓밟는 행동을 일삼았다.

하지만 아무런 욕망도 가치도 느낄 수 없었다. 사랑에 둘러싸여 언제나 받기만 하는 생활에 권태를 느껴버린 것이다. 급기야는 어느 날 진실 없는 이 삶을 끝내기로 결심하고 독약을 마시려고 하는데 빈스반겔이 찾아와 안타까워하면서 아우구스투스를 위해서 하나의 소원을 더 들어주기로 한다. 아우구스투스가 빈 소원은 "제가 사람들을 사랑하도록 만들어 주십시오."바로 이것이었다.

그렇게 마력이 사라진 아우구스투스의 삶은 한순간에 몰락해버린다. 앞다투어 그에게 재물을 바쳤던 친구들은 사기꾼으로 그를 고소했고, 그에게 많은 도움을 받았던 하인들도 등을 돌렸다. 그들의 얼굴에는 증오와 혐오의 빛만 남아 있었다. 그를 변호하거나 옹호하는 사람은 아무도 없었다. 온갖 죄악이 폭로되면서 감옥에 갇혀버린다. 하지만 사치스러운 생활 속에서 느꼈던, 질식할 것만 같았던 무서운 공허와 고독은 전혀 느낄 수 없었다.

아우구스투스는 어떤 형태로든 사람들에게 소용이 있는 사람이 되기로 결심하고 자신이 가지고 있는 아주 작은 것이라도 나눠주기 위해 노력한다. 그러자 놀라운 일이 벌어졌다. 모든 이로부터 사랑을 받았던 아름다운 시절에는 그토록 공허했던 세상이 이제는 기쁨과 감동을 주기 시작한 것이다.

유명한 심리학자 알프레드 아들러Alfred Adler는 이렇게 말했다. "다른 사람에게 관심이 없는 사람은 인생을 사는데 굉장히 어려움을 겪게 되고 다른 사람에게도 해를 끼치게 된다. 인간의 모든 실패는 이런 유형의 인물에서 비롯된다."라고.

우리는 더러 누군가로부터 주목을 받거나 사랑을 받고 싶다고 말을 하고, 또 그런 생각을 한다. 하지만 인간은 본질적으로 사랑을 받을 때보다 사랑할 때 외로움을 벗고, 진정한 위안을 경험할 수 있다고 한다. 사랑과 연민은 타인을 위한 것이 아니라 어쩌면 나를 위한 것이다. 그래서 일찍이 청마 선생은 "사랑하는 것은 사랑받느니보다 행복하나니라"고 노래하였는지 모를 일이다. 행복은 사랑을 주는 사람에게 마련된 아름다운 선물이라고 했던가. 따뜻하고 아름다운 세상을 만드는 일에 '주는 사랑', '나누는 사랑' 보다 더 명쾌한 진리가 또 있을까….

인간은 본질적으로 사랑을 받을 때보다 사랑할 때 외로움을 벗고
진정한 위안을 경험할 수 있다고 한다
사랑과 연민은 타인을 위한 것이 아니라 어쩌면 나를 위한 것이다

# 사회통합을 위한 가장 강력한 수단은 '탕평인사'

링컨이 젊은 시절, 일리노이 주에서 애송이 변호사로 일할 때 이런 일이 있었다고 한다. 하루는 '스탠튼' 이라는 유명한 변호사와 함께 사건을 맡게 되었는데 링컨은 이번 사건을 통해 많은 것을 배울 수 있는 좋은 기회라고 생각했다. 그래서 무척 좋아했다고 한다. 그러나 그것은 링컨 혼자의 생각이었다. 스탠튼은 애송이 링컨과 같이 일을 맡게 된 것에 대해 은근히 부아가 났다.

"저런 촌뜨기 애송이와 어떻게 일을 함께하란 말인가 난 못합니다." 큰소리를 치며 법정 밖으로 휭 나가 버렸다. 마음이 들떠 있던 링컨은 갑작스러운 사태에 몹시 당황했다. 그런 모독은 세상에 태어나고 처음이었다.

그 후 링컨은 미국의 대통령이 되고 함께 일할 각료를 인선하면서 국방장관을 누구로 할 것인가에 고민하게 되었다. 심사숙고를 하던 그가 마침내 인선결과를 발표하였다. "스탠튼 씨를 신임 국방장관에 임명하겠소." 이렇게 말하자 모든 참모들이 깜짝 놀랐다. "각하, 몇 년 전에 그가 했던 일을 잊으셨습니까? 변호사 시절 그가 했던 무례한 행동을 벌써 잊은 것은 아니지요?" 참모들이 일제히 임명 반대를 하고 나서자 링컨은 천천히 입을 열었습니다. "나는 수백 번 무시당해도 좋아요. 다만 그 사람이 국방장관이 되어 우리 국방을 튼튼히 해 준다면 무엇이 문제가 되겠소? 더욱이 그를 내 편으로 만들 수 있고 또 그의 꼼꼼한 일처리 솜씨도 우리의 국정 수행에 도움이 될 수 있으니 이 얼마나 좋은 일이요? 안 그렇소?" 참모진들은 링컨의 말에 고개를 끄덕였으며 스탠튼도 자신의 역량을 다하여 링컨을 도와 나랏일을 열심히 했다고 한다.

예부터 "인사人事가 만사萬事"라고 했다. 사람을 적재적소에 잘 쓰는 것이 모든 일의 전부라는 뜻이다. 그래서 박근혜 대통령은 "반세기 동안 이어져온 극한 분열과 갈등의 고리를 화해와 대탕평책으로 끊겠다."고 선언했다. 지역과 성性, 그리고 세대 구분 없이 인재를 골고루 등용하겠다는 것이다. 이는 역대 정권이 유재시용唯才是用(능력 있는 사람을 등용한다)이라는 핑계로 코드인사나 지역편중인사를 해 국정통합을 저해했기 때문으로 풀이된다.

원래 '탕평'이라는 말은 서경書經 '홍범조洪範條'에 나오는 '무편무당 왕도탕탕, 무당무편 왕도평평無偏無黨 王道蕩蕩 無黨無偏 王道平平'이라는 글귀에서 유래한 것이다. 왕은 자기와 가깝다고 쓰고 멀다고 쓰지 않으면 안 된다는 인재등용원칙인데 이 용어에는 영조가 당파 간의 논쟁과 대립을 해소하고 정치적 화합을 이루고자 했던 열망이 담겨 있다.

영조가 신하들과 탕평책의 경륜을 논의하는 자리에서 녹두묵 무침이 나왔는데 녹두묵과 여러 가지 색깔의 나물이 골고루 섞여 조화로운 맛을 내는 것에 착안하여 '탕평채'라고 부르자고 했다고 전해진다. 당파 간의 논쟁과 대립을 해소하고자 음식의 이름에까지 '탕평'이라는 용어를 붙였던 영조의 고뇌를 이해할 듯하다. 그리고 그 시대 당쟁이 얼마나 극심했는지, 그로 인해 정치적인 참극을 막고 화합을 이루고자 하는 염원은 또 얼마나 간절했는지 짐작되고도 남는다.

원래 이 음식은 봄·가을철에 입맛을 돋우어 주는 음식으로, 그 맛이 시원하여 예로부터 늦봄에서 여름 사이에 즐겨먹는 음식 중 하나다. 진달래화전·화면·진달래화채·향애단(쑥경단)과 함께 삼짇날의 절식이기도 하다. 그 후 영조는 녹두묵과 쇠고기, 미나리,

김을 주 재료로 사색당파에 맞는 색깔로 음식을 만들도록 했는데, 녹두묵의 흰색은 서인, 쇠고기의 붉은색은 남인, 미나리의 푸른색은 동인, 김의 검은색은 북인을 상징한다고 전해지는데 이때 내놓은 정책이 바로 '탕평책' 이다.

최근 몇몇 자치단체에선 인사와 관련된 각종 불평과 잡음이 언론에 보도되면서 파문을 일으키고 있다. 출자출연기관장을 차례로 바꾸면서 자기 사람을 심는 등 보은인사 정실인사를 하고 있다는 지적을 받고 있다. 승자독식을 누린다는 것이다. 그 결과 좁은 지역사회가 편만 갈렸다는 볼멘소리를 듣는다.

'탕평인사' 란, 공평무사하게 정의의 잣대로 최대의 능력과 효율을 발휘할 수 있는 인물을 적재적소에 등용하는 일이다. 그리고 이는 사회통합을 위한 가장 효과적이면서도 강력한 수단이 될 것이라 확신한다.

# 성숙된 시민사회 구현을

세계 인구는 70억 명을 넘어섰다. 이 거대한 지구촌을 100명이 사는 마을로 축소시켜 보면 어떤 모습일까?

세계가 만일 100명의 마을이라면, "51명은 도시에서, 49명은 농촌이나 사막, 초원에서 살고 있습니다. 도시에 사는 51명 중 40명은 가난한 나라 사람이고, 11명은 부유한 나라 사람입니다. 17명은 빈민가에 살고 있고, 그 중 6명은 중국 사람과 인도 사람입니다. 100명 중 26명은 전기를 사용할 수 없습니다. 18명은 깨끗하고 안전한

물을 먹을 수 없습니다. 20명은 문자를 읽을 수 없습니다. 그중 13명은 여성입니다. 13명은 휴대전화를 갖고 있습니다. 17명은 집에 고정된 유선전화가 있고 18명은 인터넷을 사용하고 있습니다. 75명이 자연재해의 위험에 놓여 있습니다. 홍수나 해일로 물에 잠기는 집에 살고 있는 사람은 7명입니다. 그중 4명은 아시아 사람입니다. 아이들은 28명입니다. 그중 4명은 일을 합니다. 12명은 초등학교에 다니지 않습니다. 젊은 사람은 18명입니다. 그중 2명은 대학에 다니고 있습니다. 석유나 석탄, 천연가스 사용은 18명의 선진국 사람이 49%, 48명의 신흥국 사람이 37%, 34명의 개발도상국 사람이 14%입니다. 당신은 알고 있습니까? 도넬라 메도스의 행복의 5가지 조건을. 그것은 깨끗한 공기와 흙과 물, 재해나 전쟁으로 인해 고향을 떠나지 않고 사는 것. 기초적인 의료, 기초적인 교육, 그리고 전통문화입니다." 이케다 가요코(池田香代子)가 2009년, 세계 인구 68억 명을 100명으로 축소하여 엮은 《세계가 만일 100명의 마을이라면》 에세이 속에 나오는 이야기 일부다.

작가는 세상의 복잡하고 난해한 문제들을 100명의 마을로 단순화시켜서 우리가 어떤 모습으로 살고 있는지를 생생하게 보여준다. 그리고 지구촌이 어떠한 현실에 처해 있는지, 그런 현실 속에서 나는 얼마나 풍족한 삶을 향유하고 있는지, 앞으로 어떤 자세와 희망을 가지고 살아야 하는지를 깨우쳐준다. 또한 많은 사람들이 고통받고 사는 실상은 그동안 당연하다고 생각했던 것들에 대해 감사한

우리가 지향하는 아름다운 공동체사회란,
서로의 힘든 일에 함께 동참하고 양보와 배려로 상식이 통하는,
성숙한 사회를 말할 것이다.

마음을 갖게 해준다.

요즘 우리 지역사회의 행태를 보면 실망을 넘어 절망을 느낄 정도다. 목불인견目不忍見 가관이다. 조그마한 지역에서 모두 그만그만한 사람들끼리 서로 잘났다고 싸운다. 서로 패거리만 짓는다. 내 편에 이로우면 무조건 선善이고 내 편에 해로우면 무조건 악惡이라고 단정해 반목한다. 내 편의 수장이 이쪽이다 하면 이쪽으로, 저쪽이다 하면 저쪽으로 따라간다. 옳고 그른 것을 판단하려 하지 않는다. 서로 자신이 무엇을 잘못했는지 생각해보고 자신의 잘못을 찾아보지는 않고 상대방의 잘못만을 찾아내려 혈안이다. 가진 것에 자족하기보다는 더 많이 가지려는 욕심이 끊임없이 폭력을 불러온다. 이기적 본성으로 눈이 멀어 다른 사람들을 돌아보는 일도 아랑곳않는다. 소지역주의가 만연하고, 패거리 문화로 사회가 병들어 간다. 그래서 '이대로는 안 된다'는 사회적 공분마저 일어나고 있는 것이다.

우리가 지향하는 아름다운 공동체사회란, 서로의 힘든 일에 함께 동참하고 양보와 배려로 상식이 통하는, 성숙한 사회를 말할 것이다. 이런 사회를 만드는 일은 그다지 힘들지 않아 보인다. 우리 모두 '자기 자신을 성찰하는 것' 그리고 '다른 사람이 자신을 성찰할 수 있도록 돕는 것'이면 충분하지 않을까 한다. 다양한 사람들이 저마다 자기다워지는 것이 곧 세상을 밝고 따뜻하게 만들 수 있는 가장 근본적인 힘이라고 믿기 때문이다.

중국에서 오랫동안 편집자와 작가로 일해 온 쑤춘리(宿春禮)도 그의 저서《나의 미래를 바꾸는 힘, 습관》에 이렇게 적고 있다. 자신이 가진 것에 감사하는 마음이 있으면 늘 스스로를 깨우쳐 적극적이고 열정적으로 생활하게 되지만, 그렇지 못한 사람은 늘 불만에 차 있고, 세상을 원망하며, 남을 탓하기 때문에 그 사람의 생애는 비참하다고.

별의별 사람들이 다 모여 사는 곳이 우리 사회이지만, 결국 우리는 더불어 살아가는 공동체 가족이다. 그리고 언젠가는 후손에게 넘겨주고 떠나가야 하는 존재이다. 작지만 진지한 노력으로 좀 더 살기 좋은 사회를 만드는 일에 동참하고, 사회적 정의를 실현하는 일에 힘을 더하여, 보다 성숙된 시민사회가 구현될 수 있기를 정말 고대한다.

# '소셜 다이닝Social Dining' 운동을 전개해 보자

경기 침체와 함께 사회 분위기가 가라앉고 기부와 봉사에 대한 사회적 인식과 참여마저 저조해지면서 소외된 이웃에 대한 관심이 줄고 있다. 우리 사회가 이처럼 냉정해지면서 그 누구에게도 관심받지 못하고 쓸쓸하게 생을 이어가는 사람들은 삶의 의욕을 잃어가고 있다. 이러한 병리현상은 양극화와 실업 등이 표면적 원인으로 지목되고 있지만 실제로는 인간관계의 단절에 대한 두려움 때문이라고 말하는 사람도 있다. 원초적으로 인간은 소외를 무척 두려워했다. 그래서 인간은 여럿이서 부족을 이뤄 사회를 구성하게 되었는지 모른다.

'공동체사회'란 생활운명을 같이하는 사회집단을 말한다. 우리나라는 예로부터 공동의 운명을 위해 상부상조의 정신을 큰 덕목으로 여겨왔다. 또 국가의 도움이 필요한 빈곤한 국민들에게 기본적인 생활을 보장하기도 했다. 고구려시대 땐 진대법을 제정하여 춘궁기(3~7월)에 빈곤한 백성들에게 관곡을 대여해 주기도 했고, 삼국시대에는 환 · 과 · 고 · 독의 사궁, 즉 늙고 아내가 없는 자 · 늙고 남편이 없는 자 · 어리고 부모가 없는 자 · 늙고 자녀가 없는 자 또는 늙거나 병든 사람들에 대한 구제도 실시하였다. 그러다가 문민정부 이후 '국민기초생활보장제도'를 도입하여 국민의 최저생활을 보장해주고 있다.

하지만 근대이후의 산업화 · 도시화 · 핵가족화 등으로 생겨난 개인주의 문화의 확산은 이웃 간 소통과 신뢰 관계망의 해체를 가져왔고, 급기야 공동체에 대한 인식과 관심이 점차 낮아지면서 비인간화되어 가고 있다. 배금주의가 팽배해지고 거기에 외래문화 바람까지 겹쳐 우리 고유의 전통문화가 뿌리째 흔들리고 있는 것이다.

'이웃은 무촌無寸'이라는 말이 있듯, 우리 사회에서 '이웃'은 생활공동체를 구성하는 기본 바탕이자 온정 어린 이웃사촌을 상징하는 말이었다. 먹고 살기 어려웠던 시절, 어울려 지내던 이웃은 서로에게 의지가 되었다. 양극화가 심화되고 갈수록 각박해지는 현대사회에서 지역사회가 하나의 복지공동체로 거듭나기 위해서는 이웃 간의 갈라진 삶을 서둘러 봉합하고, 이웃을 되살리는 일이 무엇보다 선결과제라고 생각한다. 그 다음으론 진정한 소통과 사랑으로 소외로 고통받고 있는 사람들을 '사회' 라는 테두리 중심에 서게 하는 일이 아닐까 한다.

그래서 생각해 봤다. 서로 관심사가 비슷한 사람들끼리 밥상을 매개로 친교를 맺는 '소셜 다이닝Social Dining' 운동을 전개하면 어떨까 하고 말이다.

소셜 다이닝은 우리말로 '식탁을 공유한다.' 라는 뜻이다. 그리스의 식사 문화인 '심포지온' 에서 비롯된 이 말이 선진국에선 밥도 먹고 친구도 사귀는, 즐거운 소셜문화로 자리잡은 지 오래다. 대표적인 소셜 다이닝 업체는 시카고에 기반을 둔 '그러브위드어스Grub with Us' 로, 이곳에서는 혼자 밥 먹기 싫어하는 싱글들을 대상으로 원하는 식사 메뉴를 공동으로 예약하면 관심사가 비슷한 낯선 사람들끼리 모여 함께 식사할 수 있는 자리를 만들어 준다고 한다. 물론 국내에서도 이러한 사례는 많다. 이건희 삼성 회장이 매년 직원들과 점심을 같이 먹는 소셜 다이닝 이벤트를 실시하고 있고, 일반인도 트위터 친구나 페이스북 친구들과 만나서 밥을 먹고 술을 마시며 교류하고 있다고 한다. 소셜 네트워크를 통해 자연스럽게 사람을 만나는 방법 중 하나가 된 것이다.

그런데 내가 말하는 '소셜 다이닝 운동' 은 사회나 주변 사람들이 챙겨주거나 감싸주지도 않아 힘겹게 살아가는 소외계층, 그리고 사회로부터 고립되어 무위고無爲苦에 시달리는 '홀몸노인', 자발적으로 인간관계를 맺는데 어려움이 있는 '나홀로족', 자기계발 등 자신의 행복을 찾는 일에 몰두하는 '싱글족' 들을 대상으로 밥상머리에 앉게 하자는 것이다. 나의 이러한 제안은, 혼자 살고 있는 사람들에게 있어 외로움과 소외감은 두려운 공포 그 자체라는 한 독거노인의 딱한 사정과 '혼자 밥 먹는 일이 제일 힘들다' 는 어느 퇴직자의 하소연에 착안한 것이다. 그렇잖아도 각급 사회단체에서 독거노인 도시락 배달, 저소득 노인 무료급식 등의 봉사활동을 활발하게 펼치고 있다. 이들과 연계하여 식탁을 통해 아름다운 인연을 만들어 주는 일은 그들에게 최상의 복지서비스가 될 뿐 아니라 건강한 사회복원에도 기여하게 될 것이라고 믿는다.

피천득 선생은 일찍이 "인생은 작은 인연들로 아름답다."고 했다. 이웃 간 교류를 활성화하고 연결고리를 맺도록 하여 자연스럽게 어울릴 수 있도록 하는 일이야말로 복지공동체 사회로 가는 첩경이 아닐까?

# 벌새와 같은 자세로

최근 우리 사회는 지역 간 이념 간 갈등이 날이 갈수록 깊어만 가고 있다. 마산역 광장에 설치된 '가고파 시비'의 철거와 존치에 대한 문제로 시민사회단체 간 갈등과 대립이 점점 격화되는 양상을 띠고 있고, 통합시청사와 야구장의 위치 문제로 말미암아 창원과 마산 진해가 통합한 지 3년여 만에 '다시 갈라서자' 는 주장과 '통합의 장점을 살려야 된다' 는 목소리가 맞서면서 찬반 여론이 들불처럼 번지고 있다. 이 밖에도 밀양 송전탑 건설문제를 비롯하여 금형(뿌리)산업단지 조성을 둘러싼 진주시와 사천시의 갈등, 지리산댐 건설과 진주의료원 폐업 논란 등 풀어야 할 난제들이 수두룩하다. 문제해결의 방향과 해법 등이 동의되지 않는 상태에서 극단으로 치닫고 있어, 지역사회와 대다수의 시민들이 심각한 상처를 입는 지경에 이르게 된 것이다.

하지만 조정기능은 실종된 듯하다. 해당 지자체와 관련기관 단체의 갈등 해결능력은 한계에 달한 듯 보이고, 지휘자처럼 이질적 사회문제를 조화롭게 조정해야 할 정치권과 지도층 인사들마저 방관하거나 뒷짐만 지고 있다는 비판을 받고 있다. 이 같은 상황은 내년 지방선거를 앞두고 더할 전망이어서 그 피해는 고스란히 민초들이 떠안는 게 아닐까 벌써부터 걱정이 앞선다.

그렇다면 우리 사회에 노정된 이러한 갈등을 슬기롭고 현명하게 풀어갈 방법은 없는 것일까? 이에 대해 박태순 사회갈등연구소장은 이렇게 말한다. "시민들의 갈등에 대한 인식 제고와 문제 해결능력을 강화하고 사회적 합의 형성능력을 배양하는 것이 중요하다."며, "오늘날 우리가 직면한 과제들은 서로에 대한 인정과 소통, 설득과 협의, 상호 신뢰와 협력 등 상호주의의 다원주의적 사고와 행동을 요구하고 있다."고 강조한다. 말하자면, 팔짱을 낀 채 보고만 있지 말고, '갈등이라는 뜨거운 에너지' 를 사회발전의 동력이 될 수 있도록 다 함께 지혜와 힘을 모아 진화에 나서라는 것이다.

공공갈등 해결을 위한 박 소장의 제언을 들으면서, 왕가리 마타이 Wangari Muta Maathai의 '작은 벌새이야기' 가 가슴에 감동으로 와 닿는다. 엄지손가락보다 작은 벌새 한 마리가 자신에게 무한한 혜택을 준 숲속의 보금자리를 지키기 위해 그 작고 여린 부리로 물을 물어다 불을 끄는 우화는 오늘을 사는 우리에게 많은 것을 시사하고 있다.

어느 날 숲에 큰불이 났다. 모든 동물들이 겁에 질려서 숲에서 뛰쳐나왔다. 동물들은 모두 어찌할 바를 몰라 했는데 작은 벌새는 말했다. "난 이 불을 끄기 위해 뭔가 할 거야" 벌새는 가장 가까운 냇가로 날아갔다. 그리고 물 한 방울을 가져와서는 불이 난 곳에 물을 뿌렸다. 다시 냇가로 날아가서 물 한 방울을 또 가져와 불 위에 뿌렸다. 그러는 동안 다른 동물들은 벌새보다 더 큰 부리와 더 큰 입으로 더 많은 물을 가져올 수 있었는데도 그냥 지켜보기만 했다. 어찌할 줄을 모른 채 걱정과 두려움에 사로잡혔다. '내가 뭘 할 수 있겠어?' 라고 생각하면서. 그렇지만 벌새는 계속 한 방울씩 물을 나르면서 왔다 갔다를 반복했다. 다른 동물들은 벌새에게 말했다. "그런다고 그 큰불을 끌 수 있느냐? 불이 너무 커. 넌 아무것도 할 수가 없어."라고 비웃으며 저 살기에만 바빠서 도망을 쳤다. 그러나 벌새는 이런 조롱에 상관치 않고 "난 내가 할 수 있는 최선을 다하고 있을 뿐이야"하며 작은 입에 물을 물고, 그 작은 날개를 파닥거리면서 물을 날라 뿌렸다.

자기가 할 수 있는 일에 최선을 다하는 '벌새이야기' 를 쓰면서 부끄러운 생각이 든다. 나는 과연 지금까지 내 자신의 신념과 원칙을 지키며 살아왔는지, 강압과 회유 앞에서 줏대를 잡고 묵묵히 내 자신의 길을 걸어왔는지 가책을 느낀다. 지금은 우리 모두 벌새의 마음으로 우리 사회를 '공생과 협력의 원리'로 새롭게 구성해 가야 할 때이다. "주도적인 노력은 인간의 불가능을 가능케 한다."는 말이 있다. '난 할 수 없어' '내가 뭘 할 수 있겠어' 라는 식의 자멸적이고 소극적인 태도와 비관적인 생각을 버리고, 작고 힘은 비록 약하지만 벌새와 같은 자세로 노력한다면 세상은 훨씬 더 건강하고 풍성한, 살맛 나는 세상으로 변해갈 수 있을 것이라 믿는다.